Eine Reise von erstaunlicher Weite und Vielfalt unternahm Vita Sackville-West, als sie im Januar 1926 ihren Mann Harold Nicolson in Teheran besuchte, wo dieser als Sekretär der englischen Gesandtschaft tätig war.

Die oftmals mühselige und unter Umständen auch abenteuerliche Fahrt führt Vita zunächst nach Kairo und über das Rote Meer nach Aden, dem – wie sie es empfindet – »trostlosesten und unangenehmsten Vorposten des britischen Empires«. Von hier aus geht die Reise weiter über das Arabische Meer nach Bombay. Nun hält ihr Schiff Kurs auf den Persischen Golf und den Irak, wo Vita in Bagdad die Arabistin Gertrude Bell, eine faszinierende und vitale Frau von großer Ausstrahlung, besucht.

Es entspricht Vitas Sinn für Abenteuerlust und Entdeckungen, daß der letzte Teil ihrer Reiseroute sie quer durch das Persische Hochland führt. In einem Wagenkonvoi der Wüstenpost ist sie zwei Tage lang unterwegs, sie rastet in Karawansereien und ist angesichts der überwältigenden Weite und Unberührtheit der Landschaft tief bewegt. Mit jedem Kilometer entfernt sie sich weiter von der ihr vertrauten Zivilisation. Die exotische Fremde und der Sprung in eine Zeit, die eher mittelalterlich anmutet, fordern immer wieder Vergleiche mit den eigenen eingeschliffenen Gewohnheiten und Lebensweisen der modernen Zivilisation heraus. Ihr Augenzeugenbericht der Krönung von Schah Reza Khan Pahlewi ist in diesem Zusammenhang von besonderem Reiz. Vitas Ansichten sind von erstaunlicher Offenheit geprägt. Sie liebt Persien, und in ihren Reiseschilderungen vergegenwärtigt sie eine uns heute ferne und verlorene Welt. Lebhafte Anteilnahme, eine Vielzahl amüsanter Beobachtungen und humorvolle Nachdenklichkeit machen Vitas Reiseerzählung zu einem anregenden Leseabenteuer.

Victoria Sackville-West (1892–1962), Vita genannt, war das einzige Kind von Lord Lionel Sackville-West und seiner Frau Lady Victoria. Geboren und aufgewachsen ist sie auf Schloß Knole, das ihrer Familie durch Elisabeth I. vermacht wurde. 1913 heiratete sie den Schriftsteller und Diplomaten Sir Harold Nicolson. Nach zahlreichen Auslandsaufenthalten lebten sie später auf Sissinghurst Castle in Kent. Im *Fischer Taschenbuch Verlag* sind erschienen: ›Schloß Chevron‹ (Bd. 5880), ›Weg ohne Weiser‹ (Bd. 5048), ›Der Teufel von Westease‹ (Bd. 9124), ›Zwölf Tage in den Bakhtiari-Bergen‹ (Bd. 9141), ›Die Erbschaft des Peregrinus Chase‹ (Bd. 9562) und ›Die Herausforderung‹ (Bd. 10655).

Vita Sackville-West

*Eine Frau
unterwegs nach Teheran*

Eine Reiseerzählung

Aus dem Englischen von
Irmela Erckenbrecht

Fischer Taschenbuch Verlag

Für Harold Nicolson

Lektorat: Ingrid-Maria Gelhausen

Deutsche Erstausgabe
Veröffentlicht im Fischer Taschenbuch Verlag GmbH,
Frankfurt am Main, Juni 1993

Die englische Ausgabe erschien unter dem Titel:
›Passenger to Teheran‹
im Verlag der Hogarth Press, London 1926
© 1926 Vita Sackville-West
Für die deutsche Ausgabe:
© 1993 Fischer Taschenbuch Verlag GmbH, Frankfurt am Main
Alle Rechte vorbehalten
Umschlaggestaltung: Buchholz/Hinsch/Hensinger
Gesamtherstellung: Clausen & Bosse, Leck
Printed in Germany
ISBN 3-596-11295-8

Gedruckt auf chlor- und säurefreiem Papier

Inhalt

Nach Ägypten
7

Durch den Irak
30

Nach Persien
51

In Teheran
68

Nach Isfahan
93

Kum
115

Die Krönung von Reza Khan
122

Durch Rußland
146

Nachbemerkung
165

Nach Ägypten

1

Im Vorwort zu *Eothen** schrieb Kinglake: »Ich glaube, mit Fug und Recht behaupten zu können, daß dieses Buch von allen langatmigen Schilderungen geographischer Erkenntnisse, von aller zur Schau gestellten Bildung und religiösen Überzeugung, von allen historischen und wissenschaftlichen Belegen, nützlichen Statistiken, politischen Abhandlungen und lobenswerten moralischen Reflexionen vollkommen frei ist.« Seine Worte lesen sich wie ein Stoßgebet: Lieber Gott, erlöse uns von allem Bösen. Aber ich hoffe, ich werde in der Lage sein, das gleiche über mein Buch sagen zu können. Kinglake fährt fort, indem er den Egotismus des Reisenden rechtfertigt: »Eben diese Ichbezogenheit, diese Angewohnheit, die gesamte äußere Welt auf die eigenen Empfindungen zurückzubeziehen, zwingt ihn dazu, beim Schreiben die Gesetze der Perspektive zu beachten: Er beschreibt die Dinge nicht so, wie sie nach dem gegenwärtigen Stand des Wissens erscheinen sollen, sondern so, wie er sie gesehen hat.«

Aus der Feder einer so glaubwürdigen Autorität klingen diese Worte sehr tröstlich. Doch warum sollte ich, wenn ich es mir recht überlege, eigentlich Kinglake oder irgend jemand anderen zitieren, anstatt diese Meinung kühn als die meinige auszugeben? Sind wir nicht allzu bereit, einen Menschen zu verehren, nur weil er starb, ehe wir selbst das Licht der Welt erblickten? Gerade als ich fertig war, Kinglakes Zitat abzuschreiben, noch immer höchst zufrieden

---

* ›Eothen, or Traces of Travel brought home from the East‹ (Eothen oder Reiseimpressionen aus dem Osten) Alexander William Kinglake (1809–1891) (Anm. d. Übersetzerin).

darüber, wie trefflich es meinen Standpunkt wiedergab, kam einer meiner Lieblingsautoren (einer, der mit der Sprache äußerst unsanft umgeht, doch jeder noch so dreisten Eskapade eine Ahnung von Leichtigkeit verleiht), um mich scharf zurechtzuweisen. »Vor allem didaktische und polemische Autoren«, las ich bei ihm, sein Buch am Abendbrottisch mit einer Gabel offenhaltend, »zitieren passagenweise andere, um den eigenen Standpunkt zu stützen oder um sich eine lohnende Angriffsfläche zu schaffen... Warum benutzt ein Schriftsteller überhaupt Worte aus zweiter Hand? Weil sie seine Meinung besser wiedergeben, als er selbst sie in Worte zu kleiden vermag, weil sie besonders schön und geistreich sind oder beim Leser eine bestimmte Saite zum Schwingen bringen – oder weil er damit zeigen will, wie gelehrt und belesen er ist. Von Zitaten, die auf dem letztgenannten Motiv beruhen, ist auf jeden Fall abzuraten; der kritische Leser durchschaut es und reagiert mit Verachtung; der unkritische Leser ist vielleicht beeindruckt, fühlt sich aber gleichzeitig abgestoßen, denn hochtrabende Zitate sind die beste Garantie für tödliche Langeweile. Je unerfahrener und daher auch unbelesener ein Autor ist, desto stärker ist er versucht, in diese Falle zu tappen; der erfahrene Autor weiß, daß er sie besser vermieden hätte, und der belesene weiß, er könnte zitieren, wenn er es wollte, und hat daher keine Angst, man würde denken, er könne es nicht.«

Das reichte aus, um mich zu einer gründlichen Gewissensprüfung anzuhalten und zu erforschen, aus welchem Grund ich mich entschieden hatte, Kinglake in die Sache hineinzuziehen. Die Antwort war einfach: Kinglake hatte meinen Standpunkt besser zum Ausdruck gebracht, als ich dies jemals von mir selbst erhoffen konnte. Gelehrt bin ich nicht, belesen nur bruchstückweise, polemisch gar nicht. Didaktisch? Ich hoffe es nicht, aber da bin ich mir nicht ganz so sicher. Einschüchtern lassen wollte ich mich aber auch nicht, also ließ ich das Zitat von Kinglake stehen.

Er hat in Worte gefaßt, was meine Überzeugung ist. Denn gibt es etwas Verabscheuungswürdigeres als ein informatives Reisebuch? Es sei denn, es gibt sich von Anfang an ganz offen als solches zu erkennen, doch in diesem Fall gehört es in eine andere Kategorie und muß, um in der Sprache der Rezensenten zu sprechen, »monumental«, »hochwissenschaftlich« oder »ein hervorragender Beitrag zur Geschichte des... Volkes« sein. Werden diese Meriten gar nicht erst angestrebt, laßt unsere Reisebeschreibungen um Himmels willen persönlich sein, laßt sie die Schwächen und Vorlieben, ja, die Sentimentalitäten des Schreibenden widerspiegeln. Soll er ruhig schamlos sein und für sein Publikum so schreiben wie für einen vertrauten Freund. Nur dürfen wir nicht vergessen, daß die Kunst des Schreibens eigentümlich ist; sie hat sich mit der Tatsache herumzuquälen, daß das in die Grundsätze des literarischen Credo gar nicht eingeweihte Publikum über ihr Wohl und Wehe entscheidet und dabei seinen ganz normalen, menschlichen Maßstab anlegt. »Recht gut, ja, natürlich, *gut*, aber einfach zu deprimierend«, hören wir über einen Roman, der seinen Lesern das Happy-End versagt. Die literarische Fähigkeit des Autors und sein persönlicher Blickwinkel werden einfach übergangen, was uns zu der berechtigten Annahme führt, daß von der Literatur nichts anderes gefordert wird als die Flucht aus dem Alltagsleben, daß sie in Wirklichkeit nur noch ein angenehmes Überleben sichern, als Mittel zur Flucht in eine tröstliche, romantische Welt dienen und Zerstreuung bringen soll, wie eine Besichtigung der Rüstungen im Victoria and Albert Museum.

Das entspricht jedoch nicht der Rolle der Literatur, wie sie sich die Menschen, die die Dichtkunst und die englische Sprache lieben, von jeher vorgestellt haben. Für sie gibt es eine Kunst, die nicht vom Angenehmen oder Beunruhigenden abhängig ist – natürlich ist unsere Zeit in höchstem Maße beunruhigend, doch gibt es keinen Grund, ausgerechnet in der Literatur das Beruhigungsmittel finden zu wollen –, eine immerwährende Kunst, die zwar in sich wahrscheinlich ebenso trügerisch ist wie alle anderen Künste, jedoch für sich selbst stehen muß, unabhängig von der alltäglichen Unruhe der Zeit, in der sie entstanden ist. Im Grunde braucht uns all das jedoch nicht zu kümmern, denn dieses Buch ist kein Roman, und was das Happy-End angeht, so liegt für jeden klar auf der Hand, daß die Autorin (die für Held oder Heldin sowie alle anderen Romanfiguren stehen kann) auf den letzten Seiten kein tragischer Tod ereilen wird, denn sonst hätte sie ja niemals die Gelegenheit gehabt, dieses Buch zu schreiben.

An einem kühlen Januarmorgen brach ich also auf – vielleicht nicht zu einer besonders abenteuerlichen Reise, aber zu einer, die mich in ein weithin unerforschtes Land bringen sollte, dessen Name auf den Anhängern meiner Gepäckstücke der frostigen Luft von Victoria Station ein feines, fremdartiges Aroma zu verleihen schien: PERSIEN. Eigentlich war es ziemlich überflüssig gewesen, sich diese Anhänger drucken zu lassen. Den Bahnbeamten und Gepäckträgern halfen sie nicht im geringsten. Aber ich genoß es sehr, meine Mitreisenden, die nach Mürren oder Cannes unterwegs waren, erstaunt auf meine Anhänger schielen zu sehen. Und wenn ich meine Tasche selbst ins Gepäcknetz hob, konnte ich es so einrichten, daß der Anhänger keck herunterbaumelte – ein kleines orangefarbenes Banner der Prahlerei. Was für ein subtiles Verhältnis besteht doch zwischen dem Reisenden und seinem Gepäck! Er und niemand sonst kennt dessen Inhalt und besondere Eigenheiten. Er mag ein Gefühl der Zärtlichkeit oder des abgrundtiefen Abscheus dafür empfinden, gebunden ist er an sein Gepäck auf jeden Fall. Sein Verlust ist eine Katastrophe, um es wiederzubekommen, würde er auf reservierte Zugplätze und Dampfschiffkojen verzichten, und wenn er sich schließlich in das triste Gästezimmer eines fremden Hotels einschließt, ist es noch immer bei ihm. Die kleine Tasche, die seine nötigsten Utensilien enthält und viele Dutzend Male am Tag geöffnet und wieder geschlossen wird. Der große Koffer, der so schlecht schließt, daß er es tunlichst vermeidet, ihn zwischendurch zu öffnen, auch wenn er den begehrten Gegenstand in seinem Innern noch so dringend benötigen mag; denn den Koffer wieder zuzubekommen, wäre ebenso aussichtslos wie der Versuch, einen befreiten Flaschengeist in sein Gefängnis zurückzuzwingen. Dann die anderen Gepäckstücke, eine Reisetasche mit Decken und Mänteln. Und immer irgendein lästiges Ding, von dem er wünschte, er hätte es nicht mitgenommen; ja, schon ehe er losfuhr, hatte er gewußt, daß er es bedauern würde, hat es aber trotzdem eingesteckt. Welche Auszeichnung bedeutet es für jene Gegenstände, daß sie auserwählt wurden, ihn auf seine Reise zu begleiten. Er weiß, er hat ein unordentliches Zimmer hinterlassen, offene Schubladen und durchwühlte Schränke, der Fußboden ist mit Packpapier und Bindfäden übersät – ein Zimmer, das nun jemand anders aufräumen muß, während er, dieser lästigen Pflicht entflohen, selbstgefällig in seinem Zugabteil die Beine ausstreckt. Und mit ihm reisen, fein säuberlich verstaut in den dunklen, rechteckigen Behältnissen aus Schweinshaut, Segeltuch oder Krokoleder, all jene unentbehrlichen, treuen Weggefährten, die das Tageslicht erst in einer völlig veränderten Umgebung wiedersehen werden, für ihren Besitzer jedoch überall mit Erinnerungen an seinen eigenen Wasch- und Frisiertisch und all die anderen vertrauten häuslichen Dinge verbunden sind. Sie haben sein gewöhnliches Leben mit ihm geteilt, jetzt teilen sie seine Abwesenheit mit ihm; wenn sie gemeinsam wieder nach Hause zurückkehren, werden sie einander verschwörerische Blicke zuwerfen.

Es ist eine große Kunst, für eine längere Reise zu packen. Die Tasche, die so oft am Tag geöffnet und wieder geschlossen wird, muß ausbaufähig sein und darf am Anfang nur das absolute Minimum enthalten. Das ist die erste Regel, und der Versuchung, sie zu brechen und die Tasche in letzter Minute doch noch vollzustopfen, gilt es tapfer zu widerstehen. Ein gutes Kopfkissen ist sperrig, aber die Bequemlichkeit ist die Mühe wert. Ein aufblasbares Kissen ist praktisch, aber unbequem. Ein Jaeger-Schlafsack, in der Reisetasche verstaut, trägt auf einer langen, abwechslungsreichen Reise enorm zum Wohlbefinden bei; er sollte aber auf jeden Fall mit einem baumwollenen Laken gefüttert sein, weil er sonst unerträglich piekt – ein Umstand, der mir allerdings erst während der Reise klargeworden ist. Thermosflaschen werden überbewertet; sie brechen entweder entzwei oder lecken (oder auch beides); außerdem gibt es nur wenige Orte auf dieser Welt, wo man keinen frisch aufgebrühten Tee bekommen kann. Andere unerläßliche Utensilien sind ein Messer und ein Korkenzieher sowie ein Hut, der nicht gleich vom nächsten Windstoß weggepustet wird. Ein Werkzeug, mit dem man Steine aus Pferdehufen ziehen kann, ist nicht notwendig. Chinin braucht man für heiße Länder, außerdem Jod, Aspirin und einen gehörigen Vorrat an gutem Heftpflaster. Gepäckstücke, die so groß sind, daß man sie mit Bahn und Schiff aufgeben muß, sollte man tunlichst vermeiden, aber es gibt nur wenige, die diesen guten Ratschlag befolgen. Ich selbst habe mich auch nicht daran gehalten. Ich hatte einen grünen Schrankkoffer, der mir immer mehr zur Last wurde, bis ich ihn schließlich in Persien zurückließ. Allerdings hatte ich für seine Mitnahme eine recht gute Ausrede: Ich mußte mich auf verschiedene Klimazonen einstellen, mußte damit rechnen, in einem Moment zu schwitzen und im anderen zu frieren. Daher brauchte ich eine Pelzmütze und einen Tropenhelm, einen Pelzmantel und leichte Sommerkleider. Meine Garderobe sah, als ich sie in meinem Zimmer ausgebreitet hatte, reichlich zusammengewürfelt aus.

Derart ausgerüstet und so selbstgenügsam wie eine Schnecke, macht der englische Reisende das Beste aus den zwei Stunden, die er braucht, um von London nach Dover zu kommen. Er schaut hinaus über die Felder, die sich bald, auf der anderen Seite des Kanals, in die heckenlosen Weiten Nordfrankreichs verwandeln werden. Mir ist diese Strecke nur allzu vertraut, führt sie doch durch meine heimatlichen Felder, an meinem Bahnhof vorbei, und es regt sich eine seltsame Mischung in mir. Im Herzen spüre ich ein wehmütiges Ziehen, und um dagegen anzugehen, erinnere ich mich daran, wie oft ich diesen Zug durch den Bahnhof rollen sah und eine andere Art von Wehmut verspürte, während die Aufschrift »Continental Boat Express« an mir vorüberrauschte. Es war der Wunsch, weit fort zu sein, der Neid auf die Reisenden hinter den Fenstern des Zuges. Aber diese Wehmut hatte nicht das Herz, sondern den ruhelosen Geist angesprochen. Es ist unser Zuhause, das uns zu Herzen geht; das Unbekannte winkt unserer geistigen Rastlosigkeit zu. Das Herz möchte in der vertrauten Sicherheit verharren, aber der Geist läßt nicht locker, will Neues erforschen, andere Ufer sehen. All die bekannten Landmarken fliegen an mir vorbei: In der Nähe von Orpington die beiden Fabrikkolben, die dort unablässig auf- und niederstampfen; der eine ist noch nicht ganz oben, da beginnt der andere schon zu fallen; schon als Kind haben mich diese Kolben zur Verzweiflung gebracht, weil ich sie nicht dazu bringen konnte, im Gleichklang zu arbeiten, obwohl sie doch Seite an Seite stehen. Ich weiß, daß ich mitten in Asien an sie denken und sie bei meiner Rückkehr wiedersehen werde, unverändert, immer ein kleines bißchen aus dem Takt. Dann kommt mein Heimatbahnhof, dann Yew Tree Cottage und schließlich der Pfad, der quer über die Felder führt. Würde ich, wenn ich es könnte, aus dem Zug springen und über den Pfad nach Hause laufen? Über mir baumelt das orangefarbene Schild: PERSIEN. In einer halben Stunde könnte ich zu Hause sein; mein Spaniel käme mir erstaunt entgegengelaufen... Doch inzwischen hat mich der Zug schon in einen weniger vertrauten Landstrich getragen, vorbei an den heimatlichen Wäldern, an deren Rändern Orchideen wachsen. Ich frage mich, ob die Gegenstände in meinem Gepäck einen ähnlichen Sog verspüren, auf die Anziehungskraft reagieren wie die Kompaßnadel auf den nördlichen Pol?

Doch schon beginnt all das zu schwinden: mein Zuhause, meine Freunde. Ein angenehmes Gefühl der Überlegenheit legt sich wie eine wärmende Decke über die nachhängende Abschiedsmelancholie. Eine kleine Willensanstrengung, und schon habe ich mich in eine andere Stimmung gerettet, in die gefährliche Lust auf das Erobern der Welt. Wie berauschend es doch ist, so selbstgenügsam zu sein, im eigenen Glück nicht auf materielle Bequemlichkeiten angewiesen; alle Sentimentalitäten wie die Bindung an das Vertraute hinter sich zu lassen; offen zu sein, verletzlich, aufnahmefähig! Falls irgendwo in mir doch noch ein wenig Trauer schlummert, bin ich wild entschlossen, sie zu ignorieren. Das Leben ist so voll von Reichtümern; wie töricht, sich an einer Stimmung festzuklammern.

Frankreich ist noch zu vertraut, zu stark mit alltäglichen Assoziationen verknüpft, um die Abenteuerlust befriedigen zu können. Italien bietet, unter einer dichten weißen Decke aus Schnee, einen seltsam gegensätzlichen Anblick, denn ich habe die Ebenen der Lombardei noch nie im Winter gesehen, nur im Frühling oder im Herbst, von Milchstern und Traubenhyazinthen übersät (so süßduftend, wie es sie in England nirgends gibt) oder mit reifem Mais und Wein geschmückt. Allein die Namen der Bahnhöfe verströmen einen warmen, herbstlichen Duft: Brescia, Verona... Ich erinnere mich daran, wie ich einmal in Verona aufwachte, als es gerade Mitternacht schlug. Überwältigt von der shakespearschen Romantik dieser Situation, lag ich wach in meinem Bett, als ich es plötzlich, fünf Minuten später, von einer anderen, verspäteten Uhr noch einmal Mitternacht schlagen hörte. So hatte ich zwei Veroneser Mitternächte, wo doch eine schon genügt hätte, um mich zu entzücken! Ich war erfüllt von demütiger Dankbarkeit, wie ein Bettler, der plötzlich mit königlichen Gaben überschüttet wird. Und nun genoß ich das Gefühl, durch Städte und Landschaften zu reisen, die mir durch frühere Erfahrungen bereits erschlossen waren, und genüßlich in den alten Erinnerungen zu schwelgen – und gleichzeitig einer Zukunft entgegenzueilen, die voll der Verheißung neuer Erfahrungen war, begleitet von einem prophetischen Gefühl der Erinnerung, als wäre der Geist vorausgeeilt und mit der frohen Kunde lockender Schätze wieder zurückgekehrt, wie die Späher mit den Früchten aus dem gelobten Land.

In Triest verließ ich europäischen Boden. Zwar sah ich Teile Europas noch von Deck: die Küste Griechenlands in der Morgendämmerung, die Küste Kretas im Sonnenuntergang, einen Regenbogen wunderbar über den nackten Felsen aufragend; doch wußte ich, bis zu meiner Rückkehr aus Asien würde ich keinen Fuß mehr auf europäischen Boden setzen. Währenddessen schwankte das kopflastige Schiff, als würde es jeden Moment kentern. Die Passagiere verschwanden nach und nach diskret unter Deck; nur wenige blieben, um den von spielerischer italienischer Phantasie ersonnenen Imbiß zu kosten: Eisbären aus Zucker trotteten auf einem elektrisch von innen beleuchteten Eisblock im Kreis; Gläser und Geschirr folgten dem Schwanken des Schiffes und rutschten heftig hin und her. Doch am vierten Morgen erwachten wir mitten im Sommer. Die rauhen Januarmeere lagen hinter uns, und am Horizont erschien die flache Küste Afrikas.

2

Die Erinnerungen an meinen früheren Aufenthalt in Kairo waren wenig angenehm. Ich war sehr jung, sehr schüchtern und sehr verlegen gewesen, als man mich damals gegen meinen Willen bei Kitchener* untergebracht hatte. Aber meine Proteste hatten mir nichts genützt; meine Verwandten hatten geglaubt, es besser zu wissen, und sagten, eines Tages würde ich froh sein, daß ich dort gewesen bin. Ich war nicht froh, damals und heute nicht; die Erinnerung ist noch immer schrecklich, wie eine Narbe, die schlecht verheilt. Als ich damals in seiner Residenz ankam, litt ich unter einem Sonnenstich und war außerdem so heiser, daß ich kaum sprechen konnte – nicht gerade die idealen Voraussetzungen, um diesem furchterregenden Soldaten gegenüberzutreten. Ich sehnte mich nach einem Bett und einem dunklen Zimmer, aber ich mußte natürlich zum Dinner erscheinen. Sechs oder acht eingeschüchterte Offiziere, denen es aus anderen Gründen als mir die Sprache verschlagen hatte, waren um den Tisch versammelt, Kitchener beäugte sie mit trübem Blick, und nur mein heiseres Flüstern unterbrach gelegentlich das Schweigen. Schließlich kamen wir auf ägyptische Kunst zu sprechen: »Was soll man schon von einem Volk halten«, knurrte Kitchener, »das tausend Jahre lang immer die gleichen Katzen gemalt hat!?« Ich wußte nicht, was ich darauf hätte sagen sollen, selbst wenn ich körperlich dazu in der Lage gewesen wäre. Aber es sollte noch schlimmer kommen; denn als wir nach dem Essen auf der Terrasse saßen und über den Park auf den Nil schauten, war ein schnelles, fröhliches Getrippel auf dem nackten Fußboden zu hören, und herein

---

* Feldmarschall Horatio Herbert Kitchener (1850–1916), bis 1909 Oberbefehlshaber der britischen Truppen in Indien, war seit 1911 britischer Oberkommissar in Ägypten; Vita verbrachte 1913 zehn Tage als Gast in seiner Residenz (Anm. d. Übersetzerin).

kam ein lebhafter gelber Mischlingshund. »Großer Gott, was ist das? Ein Hund in *meinem* Palast?« rief Kitchener und durchbohrte seinen Adjutanten mit wütenden Blicken. Die Heiligkeit seiner Residenz war schmählich verletzt worden; ein Dutzend Schwerter waren bereit, die Schandtat zu rächen. Ich konnte unmöglich sitzenbleiben und einem Mord zuschauen; ich mußte zugeben, daß der Hund mir gehörte.

Am nächsten Tag führte mich mein Gastgeber in den Zoo und freute sich wie ein Kind über den kleinen Elefanten, dem man beigebracht hatte, mit dem Rüssel zu salutieren. Das Eis war gebrochen.

Doch diesmal, viele Jahre später, weilte ich ohne jede Verpflichtung in Ägypten: kein Hund, kein Kitchener, kein Sonnenstich. Ich hatte zwischen den beiden Schiffsreisen neun Tage Gnadenfrist, also fuhr ich nach Luxor. Tiefrote Bougainvilleen ergossen sich über die weißen Wände von Luxor; vier cremefarbene nubische Kamele knieten am Ufer des Nils. Ich dachte daran, wie ich während meines letzten Aufenthalts dort in einem kühlen, abgedunkelten Zimmer gelegen hatte, krank vor Kopfschmerz, doch dankbar, dem Rummel entflohen zu sein und meinen Sonnenstich allein auskurieren zu können. Anstatt ins Tal der Könige zu reisen, hatte ich reglos dagelegen, die feinen Sonnenstrahlen betrachtet, die durch die Stäbe der Jalousien drangen, und mit der eigenartigen Eindringlichkeit, die aus der konzentrierten Ichbezogenheit des Kranken entsteht, den Wassertropfen gelauscht, die auf den gefliesten Boden vor dem Haus fielen, wenn die Diener ihre vollen Eimer vorbeischleppten. Es war eine angenehme Art, die Tage zu verbringen; selbst der Schmerz schien dazu beizutragen, daß sich diese Woche so deutlich vom gewöhnlichen Leben abhob; ich war nicht ärgerlich, nur ein wenig wehmütig, weil ich bis nach Luxor reisen mußte, um mir diese Ruhe zu gönnen. Doch diesmal war alles anders. Voller Elan begab ich mich auf die blanke, gleißende Straße, die zum Tal der Könige führt. Wie weit entfernt erschienen mir jetzt die englischen Felder – und selbst die beiden Kolben, die so unermüdlich auf- und niederstampften – sehr grün und klein erschienen sie mir, wie durch das falsche Ende eines Fernrohrs gesehen, als ich plötzlich mitten in den Bergen Thebens an sie dachte. Vor allem aber kamen mir Englands Felder extrem bevölkert vor, voll von kleinen, geschäftigen Lebewesen – Kaninchen, die am Abend aus dem Dickicht kamen, Hasen, die zwischen den gepflügten Schollen auf ihren Hinterbeinen hockten, Feldmäuse und Wiesel, die durch die Blätter raschelten, und unzählige Vögel, die zwitschernd durch die Zweige hüpften. Eine vielköpfige Schar winziger Lebewesen, von Gebüschen und Hecken reichlich beschützt. Ja, sehr weich, grün und üppig erschien mir Kent, als ich im weißen Staub jener leblosen Landschaft innehielt und an zu Hause dachte. Ein Wiedehopf? Eine Eidechse? Eine Schlange? Nein, hier war nichts; nur die heruntergestürzten Felsbrocken und die grelle Sonne. Die Stille und die Leblosigkeit machten mir angst. Die Felsen rechts und links der Straße rückten immer enger und bedrohlicher zusammen. Mit dem Gefühl, nicht zu wissen, was man als nächstes zu sehen bekommt, ist eine freudige Erregung verbunden; die Gedanken eilen voraus, suchen nach einem Bild, das das Erwartete beschreiben könnte, und finden nichts – als würde man einen Wasserkrug hochheben, von dem man glaubt, er sei voll, um enttäuscht festzustellen, daß er in Wirklichkeit ganz leer ist. Ich hatte mir bisher kein Bild vom Grabmal der Pharaonen gemacht. Ja, es kam mir unbegreiflich vor, daß ich es in wenigen Minuten mit eigenen Augen sehen und von da an für den Rest meines Lebens genau wissen sollte, wie es aussieht. Und später würde es mir dann ebenso unbegreiflich erscheinen, daß es eine Zeit gegeben hat, in der ich davon keine Ahnung hatte. Diese Überlegungen ließen mich zögern. Ich trennte mich nur ungern von meiner Unwissenheit. Ich warf mir vor, viele

Jahre vergeudet zu haben, ohne mir die königliche Grabstätte auszumalen. Dieses Vergnügen würde mir nun nie mehr vergönnt sein; in Kürze würde ich den Luxus der Vorstellung gegen die nackte Tatsache des Wissens eintauschen. Ich hatte bereits die Straße gesehen, und selbst wenn man mich auf magische Weise nach Luxor zurückversetzte oder wie Habakuk an einem Kopfhaar emporhöbe und tausend Wegstunden entfernt wieder herunterließ, hätte ich die Straße noch immer gesehen und mir auf diese Weise eine gewisse Vorstellung von dem gebildet, was mich um die nächste Ecke erwartete. Es hatte keinen Zweck umzukehren, aus dieser Wildnis an die grünen Ufer des Nils zu fliehen. Also richtete ich den Blick nach vorn.

3

Dann kamen andere Tage in Luxor. Der Tag, an dem ich in das Töpferdorf am Rande der Wüste fuhr. Auf den Feldern stolzierten weiße Reiher, und Wasserräder leerten ächzend ihre kleinen Krüge in die Bewässerungsgräben. Es machte mir Spaß, die Straßen zu verlassen und in das Landleben einzutauchen, wo es nur noch Bauern gab, die sich über die dunkle Erde beugten. Das Leben verlief hier langsam, ruhig und gleichförmig, wie überall auf dem Land, in allen Zeiten. Der Landwirtschaft im Niltal ist jedoch eine besondere Konzentration eigen; alles ist dicht zusammengedrängt; das Gefühl der Ausdehnung gibt es nicht. Die Jahrhunderte schrumpfen zusammen, offenbaren ein enges Zusammenleben von Mensch und Tier. Die tiefe Verbundenheit miteinander und mit der Erde, die sie gemeinsam bearbeiten, hat sie den gleichen Gang, ja, sogar die gleiche Farbe annehmen lassen. In langen Reihen, flach wie ein Fresko, ziehen sie an den Bewässerungsgräben entlang, erdfarben und gebückt – die Kamele, die

Büffel, die Esel und die Menschen. Sie wirken wie ein Teil einer ewig dahinkriechenden Prozession, mit dem für die Ägypter so charakteristischen Gespür für ästhetische Muster entworfen, wie mit einem harten, dünnen Bleistift an den Himmel gemalt. Zuerst erscheinen die auf den langen Hälsen gemütlich schwankenden Köpfe der Kamele, dann die Büffel, die so gebeugt dahinschreiten, als hätten sie sich gerade erst aus dem Urschlamm befreit; als nächstes die Esel, auf dem letzten meist ein kleiner Junge, der ihn mit energischen Hackenstößen eifrig zum Weitergehen ermahnt. Zuletzt schließlich ein Mann, klein, aber aufrecht. Er treibt die anderen voran, ist aber selbst ein Teil der Prozession. Er bildet den Abschluß, vervollständigt das Muster. Er unterscheidet sich nicht auffällig von seinen Tieren, aber er geht aufrecht und führt einen Stock in der Hand. Wohin sie gehen, weiß der Himmel; sie scheinen auf einer ewigen Pilgerschaft zu sein. Da ist es fast eine Erleichterung, endlich auf eine Gruppe ortsansässiger Bauern zu treffen, die sich über die Erde beugen, nicht gerade irgendwo anders hin unterwegs sind. In ihrer Nähe treibt das Kamel, fest in sein Joch gespannt, das Wasserrad an, indem es von morgens bis abends immer in der gleichen, ausgetretenen Furche im Kreis herumläuft. In diesem gleichförmigen, allein schon das Auge ermüdenden Gang zieht es, seiner Natur nach ein ewig Reisender, stets durch die gleiche Wüste, vom Menschen zum Zwecke des Wasserschöpfens unterjocht. Die hölzernen Zahnräder quietschen im Schatten der Tamariske, tropfend kommen die kleinen Krüge aus dem tiefen Brunnen herauf und verschütten die Hälfte des Wassers, ehe es sich in die Bewässerungsgräben ergießt; ein verschwenderisches Verfahren, das auch viele Jahrhunderte nicht haben verbessern können. Die ägyptischen Methoden wirken auf den ersten Blick ausgesprochen simpel, scheinen aber effektiv zu sein, denn aus der schwarzen Erde sprießen auffallend gesunde Pflanzen. Wasser ist das ständige Hauptthema in Ägypten, angefangen von der ängstlichen Beobachtung des Nils (»Wird es in diesem Jahr einen guten oder einen schlechten Nil geben?«) bis zu den kontrollierbareren Problemen der künstlichen Bewässerung. Die Gedanken der ägyptischen Bauern müssen von den Geräuschen des Wassers erfüllt sein, so wie die Gedanken jedes arbeitenden Menschen von den Erfordernissen seines jeweiligen Handwerks geprägt sind; er sieht die Krüge eintauchen und überschwappen, als wären sie zu einem Teil seiner selbst geworden, mit seinem Körper verwachsen; er hört das Knarren und Quietschen der Zahnräder, diese seltsame Melodie, wie eine Zauberformel, die den ganzen Tag auf seinen Feldern erklingt, während die Füße des Kamels gleichmäßig im Kreis durch die ausgetretene Furche trotten.

Die Bauern hoben erstaunt die Köpfe, als sie eine Fremde erblickten, denn die meisten Touristen hielten sich an die Gräber und Tempel und streiften nicht über die Felder. Blaue Hemden zeigten sich über dem Korn, als die Arbeiter ihre gebeugten Rücken streckten und mit der Arbeit innehielten, um zu mir herüberzuschauen. In den Dörfern kamen die Hunde herausgelaufen, um mich anzubellen, und Horden von barfüßigen Kindern erschienen aus dem Nichts, um mir ihre kleinen, grinsenden Gesichter und offenen Handflächen entgegenzustrecken. Diese Menschen leben unter unglaublich einfachen Bedingungen. Ihre Häuser sind Schutzhütten aus sonnengetrocknetem Lehm, in denen selbst die allereinfachsten Möbel fehlen; außer den vier Wänden und dem festgestampften Boden gibt es nichts. Manchmal trennt eine grobschlächtige Tür den Eingang von der Dorfstraße, häufiger ist der Eingang jedoch nicht mehr als ein Loch in der Wand, so daß jeder ins Haus hineinschauen kann. Das Töpferdorf war zum größten Teil aus zerbrochenen Töpfen erbaut, die man in den Lehm eingearbeitet hatte. Unter einem Dach aus geflochtenem Schilf saßen zwei Töpfer bei ihrer Arbeit, das Rad drehte sich, angetrieben von ihren Füßen, und ihre Arme steckten bis zu den Ellenbogen im dunklen, nassen Ton, der sich innerhalb einer Minute von einem formlosen Klumpen in einen schlichten, makellosen Krug verwandelte. Ich bewunderte die Präzision ihrer Handwerkskunst, die zu den fast tierischen Lebensbedingungen in einem seltsamen Gegensatz stand. Diese Menschen beherrschten eine Sache gut, und mit dieser Sache beschäftigten sie sich, wie ihre Vorfahren vor ihnen, ihr gesamtes Leben, den ganzen sengend heißen Sommer über, wenn kein Tourist daran dachte, nach Luxor zu fahren, wie auch im milderen Winter, wenn die Fremden, die ganze Komplexität ihrer Zivilisation im Geiste mit sich führend, in diese Gegend strömten, um sich für einen kurzen Moment lang mit dieser anderen Strömung menschlicher Existenz zu vermischen. Die Töpfer machten sich kaum die Mühe aufzuschauen, als ich vorüberging. Sie schenkten mir einen gelangweilten, gleichgültigen Blick, dann warfen sie einen weiteren Tonklumpen auf die rotierende Scheibe, um den schlanken Hals des Kruges daraus zu formen.

Ein geduldiges Volk. Ich hatte sie bei der Arbeit an einer Ausgrabung beobachtet, hatte sie in der großen Grube herauf- und hinabsteigen sehen wie die Engel auf Jakobs Himmelsleiter, kleine Körbe mit Sand und Abfall auf dem Kopf balancierend. So müssen die Kinder Israels unter der Peitsche ihrer Vorarbeiter geschuftet haben, denn selbst jetzt, im zwanzigsten Jahrhundert, standen diese Vorarbeiter parat und ließen ihre geknoteten Lederriemen um die mit Lumpen bekleideten Beine der Nachzügler schlagen. Nichts hätte den Überfluß an billiger Arbeitskraft besser verdeutlichen können als die Größe der Körbe, die die Arbeiter auf ihren Köpfen trugen. Sie waren nicht viel größer als ein Körbchen, das man bei uns zum Pflücken von Erdbeeren nimmt; ein Kind hätte sie leicht tragen können, und doch waren es erwachsene Männer und Frauen, die sie in der Grube aufhoben, hinauftrugen und auf dem Haufen ausleerten, der oben auf den von der Sonne aufgeheizten

Felsen stetig wuchs. Zu dieser Arbeit intonierten sie einen monotonen Gesang; wenn die Peitsche sie traf, sprangen sie behende zur Seite, gut gelaunt, als gehöre die Peitsche eben zu ihrem Arbeitsalltag dazu, als handelte es sich um ein unparteiisches Instrument, dessen Aufgabe es war, die Reihen in Bewegung zu halten, nicht den einzelnen zu züchtigen. So leerten sie allmählich die Grabstätte, die ihre Vorväter gegraben hatten und die im Laufe unzähliger Jahre versandet war, bis zu dem Tag, an dem neugierige Fremde sich darangemacht hatten, die unterirdischen Kammern und Bildnisse wieder bloßzulegen. Erst wenn nach dem langen Arbeitstag plötzlich die Glocke zum Sonnenuntergang ertönte, verwandelten sie sich von Lasttieren wieder in menschliche Wesen, scherten aus den festgefügten Reihen aus und verstreuten sich wie ein Schwarm Spatzen, wenn man in die Hände klatscht. Sie sprangen über die Felsen, einige, um sich zu erleichtern, andere, um durstig aus kleinen Krügen zu trinken, kindlich erfreut über die Befreiung von ihrer Arbeitslast. Mit ihren blauen und braunen Lumpen, weißen Zähnen und sehnigen Gliedmaßen sahen sie ihren Vorvätern, die das Tal der Könige durchlöchert hatten und unter den Gipfel des Berges vorgedrungen waren, um dem königlichen Toten eine unterirdische Stadt zu bauen, sicherlich sehr ähnlich. Doch nicht nur den toten Königen war Ehre zuteil geworden; zumindest ein Pharao hatte seinem Gärtner eine Grabstätte vermacht und Dach und Wände mit Blättern, Weintrauben und Pfirsichen bemalen lassen, so daß der Übergang von den königlichen Katakomben mit ihren konventionellen nichtssagenden Fresken in jenes kleine, so reich mit Früchten ausgeschmückte Grabmal auf die Besucher wirkte wie der Übergang von einem leeren Palast in eine lebendige Laube. Amon-Ras' Symbole der Fruchtbarkeit wirkten plump und wenig überzeugend gegen den rührenden Beweis für die Kunst des Gärtners und die Dankbarkeit seines Herrn.

Die Töpfer hatten Tauben als Nachbarn. Das nächste Dorf war nicht aus Häusern, sondern aus runden Taubenschlägen erbaut. Die Bewohner kamen und gingen durch die Lüfte, betraten ihre Häuser nicht durch Türen, sondern durch kleine gewölbte Fenster acht Meter über dem Erdboden, und der ganze Ort war erfüllt vom Rauschen ihrer Flügel und ihren amourösen Schmeicheleien. Ich fragte mich, ob sie in ihrem Dorf wohl irgendeine Art von Staatswesen entwickelt hatten, wie die Ameisen oder Bienen, aber sie schienen sich vor keiner Autorität zu beugen, machten einander den Hof und putzten und brüsteten sich dort im ägyptischen Sand ebenso ausdauernd wie die Tauben auf einem Scheunendach in Sussex. Keine bloße Laune, sondern intensive Beobachtung hat sicherlich dazu geführt, daß die Tauben Aphrodite zugesprochen wurden; diese ägyptischen Charmeure wurden ihrem Ruf ebenso gerecht wie ihre griechischen Vettern. Die Menschen hatten ihnen eine richtige kleine Stadt gebaut, mit einer Straße in der Mitte, einem Palmenhain, einem Dorfplatz, auf dem sie ihre Versammlungen abhalten konnten, und ringsherum viele hohe, runde Türme mit unzähligen Eingängen, um ungehindert ein- und auszugehen, und kleinen Simsen, um in der Stille des Abends darauf zu sitzen.

Ich wurde an all die Geschichten erinnert, in denen erzählt wird, wie Menschen durch einen bösen Zauber in Tiere verwandelt werden. Einen Moment lang hatte ich das Gefühl, ich bräuchte nur die richtigen magischen Worte auszusprechen, und schon würde die ganze Dorfgemeinschaft in ihrer ursprünglichen Gestalt vor mir stehen.

4

Es war Vollmond, als ich in Luxor war, und so nutzte ich die Gelegenheit, nach dem Abendessen einen Ausflug nach Karnak zu unternehmen. Zwar hatten dies schon viele vor mir getan, doch war es für mich mit besonderer Freude verbunden, denn zu den ehrgeizigen Plänen, die mir seit jeher im Kopf herumgingen, gehörte erstens, Karnak im Mondlicht zu sehen, und zweitens, in einem kleinen Boot an Karnak vorbeizurudern. Jetzt sollte der erste Plan in Erfüllung gehen. Die Pferde trabten leicht über den sandigen, von Bäumen umstandenen Weg, der Rhythmus ihrer klappernden Hufe klang geschäftig und flink. Dann begann die Landschaft charakteristischere Formen anzunehmen: Ein Obelisk tauchte auf, der rechteckige Portikus eines kleineren Tempels, eine zerstörte Allee aus gedrungenen Quadern, die im Schatten lauerten wie riesige Kröten, und schließlich, auf einer weiten Fläche jenseits der engen Straße, Karnak selbst. Was für ein seltsames, schlichtes Land ist doch dieses Ägypten! Seinem Typus so treu, so banal, so durchschaubar – und doch in der Lage, all diese Dinge so großartig zu transzendieren, daß die eigene Kultiviertheit trivial erscheint und die Pedanterie durch die für gebildete und primitive Seelen gleichermaßen erkennbare Schlichtheit ständig beschämt wird. Da gibt es kein Entfliehen. Die Pedanterie steht unter dem Zwang, jedes Haar zu spalten, bis nur noch Fäserchen übrig sind, doch kehrt auch sie, um echte Befriedigung zu erfahren, letztendlich ermattet zu den einfachsten Formen zurück. Und so fühlen auch wir uns immer wieder von den seltsamen, falschen, wahren Beziehungen angezogen, die uns rühren und unser harsches Urteil mildern – Beziehungen wie zum Beispiel die zwischen einem heidnischen Tempel und dem vollen Mond. Dabei wüßten wir nicht zu begründen, wieso ausgerechnet der Mond zu diesem Tempel irgendeinen Bezug haben sollte, abgesehen davon, daß beide alt sind – so alt, daß sie uns fast unwirklich erscheinen. Ja, sie sind unwirklich und mit einer Bedeutung befrachtet, die wir mit unserer Vernunft vergeblich zu interpretieren versuchen, von der wir nur vage wissen, daß sie besteht. Wir stützen uns dabei weder auf wissenschaftliche Erkenntnisse noch auf beweisbare Tatsachen; es ist eine nach innen gerichtete, intuitive Gewißheit, die aus uns spricht. Die Beziehung zwischen beiden Dingen rührt uns wegen ihrer ästhetischen Harmonie, und wer sollte solche Mysterien wie intuitiv erspürte Muster und Rhythmen erklären, noch gar mit Hilfe unserer derzeitigen grobschlächtigen Terminologie? Und wie sollte man die Auswirkung der visuellen auf die psychische Erfahrung in Worte fassen? Kann denn das, was wir mit den Augen aufnehmen, zu dem, was uns emotional berührt, in einer direkten Beziehung stehen? All diese Worte sind so vage: »geistig«, »emotional«, »intellektuell«... Was bedeutet das alles wirklich? Vage ahnend, daß irgendwo hinter der nächsten Ecke der Schlüssel zur Verbindung all dieser einzelnen Elemente liegt, tappen wir ungeschickt im dunkeln. Und trotzdem sehen wir: Durch das zufällige Zusammentreffen verschiedener Dinge entstehen Rhythmen, Muster und Formen, und diese schaffen eine natürliche Harmonie: eine Harmonie, die nahelegt, daß das einzelne sich irgendwo ins Ganze fügt.

Beim Anblick Karnaks dachte ich: Was ist ein Kunstwerk, wenn nicht der willentliche Versuch, durch die Kunst eine Harmonie zu schaffen, die in der Natur nur durch Zufall entsteht, und mit ihrer Hilfe menschliche Entwürfe wie den von Karnak selbst zu genießen, während der Mond tiefe Schatten wirft und vertraute Konstellationen wirkungsvoll verzerrt. Die Architektur ist also keine reine Kunst und kann es auch niemals sein, da sie sich so sehr auf natürliche Gegebenheiten und Zufälle verlassen muß. Es läßt sich nicht länger leugnen, daß Natur und Architektur Verbündete sind. Oft genug hatte ich über die übliche Platitüde vieler Architekten gerätselt, der ästhetische Wert eines Gebäudes sei von seiner Umgebung so unabhängig wie der Wert eines Bildes von seinem Rahmen; jetzt verstand ich sie weniger als je zuvor. Dieses Karnak, das sich aus Felsen und Sand erhob, dessen Säulen und Kapitelle wirkten wie riesige Palmen und Lotusblüten, strafte diese Theorie Lügen. Karnak lebte von seiner Umgebung und strahlte gleichzeitig auf seine Umgebung aus, veredelte alles, was Ägypten ihm zu bieten hatte. Jeder Obelisk, der aus der Wüste ragte, gewann durch seine spitze Form im Kontrast mit der breiten, wogenden Wildnis.

So mühte ich mich, zugleich unwissend und hochmütig, doch mich stets entschuldigend, noch immer mit Problemen ab, die ich nicht verstand. Es schien, als hätte ich, seitdem ich zu dieser Reise aufgebrochen war, alles abgelegt außer dem primitiven Vergnügen unmittelbarer Empfindung. Theoretisch wußte ich, daß ich ein halbwegs gebildeter Mensch war, jederzeit bereit, zu den verschiedensten Themen Theorien zu bilden; doch wenn ich jetzt an die Theorie appellierte, verhielt sie sich wie ein schlecht erzogener Hund, der nicht auf die ihm geltenden Pfiffe hört, sondern lieber an den neuen, aufregenden Düften einer unbekannten Hecke schnüffelt, einen Vogel aufscheucht, ihm mit einem Luftsprung nachsetzt und, den Mund voller Schwanzfedern, verdattert wieder auf allen vieren landet. Wie Kinglakes Reisender, war ich nicht mehr in der Lage, die Dinge so zu beschreiben, wie sie nach dem gegenwärtigen Stand des Wissens sein sollten, sondern konnte nur noch wiedergeben, wie ich sie wahrnahm – und, wie ich hinzufügen könnte, zahlreiche Eigenschaften, die sie in Wirklichkeit gar nicht besitzen konnten, zusätzlich in sie hineinzulesen.

Als ich nach Karnak hineinging, kam es mir vor, als würde ich eines von Piranesis Gefängnissen betreten, das plötzlich in Lebens-, nein Überlebensgröße, zu Stein geworden war. Hoch auf den fantastischen Ruinen stachen Obeliske in den hellen Nachthimmel, der gewaltige Säulensaal ragte steil nach oben, die Grundmauern eingetaucht in tiefe Schatten, die Zinnen zum Mond erhoben; scharfe Lichtpfeile fielen auf die dicken Säulen und breiteten sich wie schmale, silbrige Teppiche über den dunklen Boden aus. Der schwarze Amun-Tempel war durch und durch von breiten Lichtbalken durchsetzt. Dahinter lag ein großer Platz, übersät mit heruntergefallenem Mauerwerk, offen unter dem Himmel. Tiefe Spalten und Öffnungen, Portiken, Kolonnaden, Mauerblöcke, Obelisken und Pharaostatuen – und jenseits all dieser prachtvollen Verwüstungen das dünne Geplärr der Frösche. Aus jeder Himmelsrichtung, wohin man sich auch wendete, bot dieser Tempel, dieser von einem wahnsinnigen Genie geschaffene Kupferstich, neue, schöne, dann wieder schreckliche Aspekte, eine Zusammenballung düsterer Schatten, ein erhabenes Aufragen ins helle Licht. Die ständig wechselnden Bilder überstiegen das Fassungsvermögen des menschlichen Geistes, denn es waren keine Menschen, sondern sehr viel mächtigere Kräfte, die sie erdachten: auf Erden die Zeit und im Himmel die Gesetze der Astronomie, die den Mond dazu brachten, über unseren Köpfen seine Bahn zu ziehen. Da drang aus den furchterregenden Schatten plötzlich eine laute menschliche Stimme. »Ich bin ein Zwilling«, rief sie mir aufdringlich zu.

Ich wandte mich um und sah eine Gestalt in edlem Gewand neben mir in einem Lichtfleck stehen. Es war mein Dragoman, ein junger Beduine von stolzer und schöner Erscheinung. Er war in einem Zustand großer Erregung, als könne er seine Neuigkeit unmöglich für sich behalten und stünde unter dem Zwang, sie unbedingt jemandem mitteilen zu müssen. »Ich bin zwei Monate älter als mein Bruder«, sagte er, und seine Augen brannten vor Stolz.

»Meine Mutter hat meinen Bruder zwei Monate länger bei sich behalten als mich. Mein Vater gab mir *zwei* Ammen«, sagte er und legte in einer ausdrucksvollen Geste die Hände über die Brust. »Zwei Ammen, aus Freude darüber, daß ich so rasch auf die Welt kam. Meinen Bruder schaut mein Vater gar nicht an, er sieht nur mich. Wenn mein Vater stirbt, werde ich zum Oberhaupt unserer Gemeinschaft. Dann kann ich dreimal im Jahr ernten.« Er schwieg und sprang leichtfüßig eine Art Damm aus herabgestürzten Steinen hinauf. Dort hielt er inne; in seiner flatternden Robe wirkte er gegen den Himmel riesengroß. »Hören Sie!« rief er und klopfte auf einen am Boden liegenden Monolith. Das Geräusch, das er erzeugte, klang wie dröhnender Stahl. Er lachte vor Freude, als sei dieser tönende Quader aus Granit eins mit seiner Aufregung und schlichten Eitelkeit.

Durch den Irak

1

Unsere nächtliche Rückreise von Luxor nach Kairo muß, mit den Augen eines umherziehenden Beduinen in der Wüste gesehen, ein triumphales Schauspiel gewesen sein, denn der Speisewagen am Ende des Zuges hatte Feuer gefangen und zog hinter uns her wie der Schweif eines Kometen. Der Zug wurde angehalten, und man unternahm einen halbherzigen Versuch, das Feuer zu löschen, doch da dies erfolglos blieb, fuhren wir weiter und hofften das Beste. Mein hübscher Dragoman war völlig verängstigt; er vergaß, daß er ein Zwilling war, vergaß seine ganze Tapferkeit als Jäger und beharrte darauf, der brennende Waggon würde bald »den ganzen Zug erlegen«. Und außerdem, fügte er hinzu, pflegten Räuber Felsbrocken auf die Gleise zu schieben, um den Zug zu stoppen und die Passagiere, die den Unfall überlebten, auszuplündern. Unser Lokführer sei ein Teufel, der eher jedes Hindernis rammen würde, als sich der Gefahr auszusetzen, hinterher als Komplize der Räuber zu gelten. Ich hatte den Lokführer gesehen, einen kleinen, schwarzen Mann, der sich ein rotes Taschentuch um den Kopf geknotet hatte; er war von seiner Lok nach hinten gekommen, während die anderen Bahnbediensteten versucht hatten, den brennenden Speisewagen zu löschen. Die Flammen hatten sein dunkelverschmiertes Gesicht beleuchtet; eine Zigarette lässig zwischen den Lippen, hatte er den anderen verächtlich zugeschaut und auf ängstliche Anfragen der Passagiere großspurige Antworten gegeben. Schließlich überredete ich Nasr, in sein eigenes Abteil zurückzukehren, was er mit der Bemerkung tat, eher würde er ein wildes Kamel zureiten als noch einmal einen Zug besteigen. Es passierte jedoch nichts weiter, und als wir am nächsten Morgen wohlbehalten in Kairo ankamen, vergaß er seine Angst und flehte mich an, ihn mit nach Persien zu nehmen. Er hatte Frankreich, England, Spanien und Italien gesehen, und er hatte seinem Vater gesagt, er würde nicht eher heiraten, bevor er nicht die ganze Welt gesehen hatte. Damit er sich schneller eine Frau nehmen könnte, müßte er jetzt mit mir nach Asien fahren. Er wirkte niedergeschlagen, als ich ihm sagte, daß das unmöglich sei, wurde jedoch bald wieder fröhlich. Ob ich ihm dann wenigstens einen Stapel farbiger Postkarten von Shakespeares Haus in Stratford schicken könnte? Das konnte ich versprechen, und während mein Zug schon den Bahnhof von Kairo verließ, lief er den Bahnsteig entlang, um mir zu erklären, er habe dem Postkartenladen in Stratford Geld dagelassen, seine Karten aber nie bekommen... An dieser Stelle der Geschichte erreichten wir das Ende des Bahnsteigs, und das letzte, was ich von ihm sah, war das Flattern seines weißen Gewandes, als er dastand und winkte und dem Zug nachschaute, der ihn in die Länder seiner Träume hätte bringen können.

Er war ein großer Dandy, und ich vermißte ihn. Sein Gepäck war mir ein Rätsel gewesen, denn er schien nur eine zusammengerollte Decke bei sich zu tragen, hatte jedoch in Luxor jeden Tag neue, voluminöse Gewänder in Grün, Violett und Weiß, mit Goldfäden bestickte Schals und prächtige, violette und gelbe Lederschuhe getragen. Ich wünschte, ich hätte sein Geheimnis ergründen können. Mein eigenes Gepäck war inzwischen beachtlich angewachsen, und mein Vorrat an orangefarbenen Anhängern ging allmählich zur Neige. Neben einem Grammophon und einer Eisbox hatte ich eine große Baumwolltasche für meinen Überschuß an Büchern erworben. Das Grammophon und die Kühlbox hatte ich in Kairo übernommen, damit sie nicht in den Nil geworfen wurden; da sie bereits mit siebenundvierzig anderen Gepäckstücken auf den Rücken zahlreicher Yaks quer durch Tibet gezogen waren, tat es mir leid, daß ihre Laufbahn ein so jähes Ende nehmen sollte.

Mit diesem Sammelsurium erreichte ich Port Sudan, erfuhr, daß das Schiff Verspätung hatte, und schlief in einem Hotel direkt am Kai; als ich am nächsten Morgen erwachte, stellte ich fest, daß der Dampfer direkt unter meinem Fenster festgemacht hatte.

2

Nach entsprechender Reisezeit erreichten wir Aden, das mir von allen Vorposten des britischen Empire am trostlosesten und unangenehmsten erschien, obgleich mir ein alter Soldat an Bord erzählte, es sei »gar nicht so schlecht – man kann billig Polo spielen und in Somaliland Löwen schießen«. Ich hoffe, die unglücklichen Truppen, die dort stationiert sind, empfinden dies als ausreichende Wiedergutmachung. Ich für meinen Teil würde mich eher den Haien zum Fraß vorwerfen, als in dieser freudlosen, salzigen Hölle zu leben. Daß Rimbaud es dort aushielt und das Hotel de l'Univers ertrug, spricht für die Schrecken von Aden; denn es war zu erwarten, daß sich Rimbaud mit der gleichen Perversität, die ihn im Alter von neunzehn Jahren der Literatur abschwören ließ, ein Leben in der abstoßendsten Ecke der Welt, die sich finden ließ, auferlegte. Es läßt sich jedoch nicht leugnen: Jener Tag in Aden hatte seinen eigenen Stil, falls Stil in diesem Zusammenhang der richtige Ausdruck ist; er war grotesk, alptraumartig. Einige Parsen, mit denen ich mich an Bord angefreundet hatte, veranlaßten mich, an Land zu gehen. Wir wurden von der Motorbarkasse eines alten, vornehmen Parsen abgeholt, der uns seinen Sekretär, einen dunklen, verächtlich dreinblickenden Mann in weißen Segeltuchhosen, und sein Auto für den Rest des Tages zur Verfügung stellte. In diesem klapprigen Gefährt wurden wir in rasender Geschwindigkeit und mit ohrenbetäubendem Lärm kreuz und quer durch die unwirtliche Gegend gefahren. Zuerst ging es zu einigen großen Wasserbecken, riesigen Zementgruben unbekannten Alters von dantesker Schaurigkeit, am Fuße einer engen Schlucht am Rande der Berge. Sie wurden gebaut, um in dieser Gegend, in der es keine Flüsse und nur einmal in zehn Jahren Regen gab, Wasser zu speichern. Nur eines von ihnen – das größte – enthielt eine grüne, abgestandene Pfütze am Boden; ansonsten erinnerte die knochentrockene Nacktheit ihrer Zementwände an Käfigterrassen im Zoo, die in diesem Fall jedoch nicht von Bären, sondern von zwei kleinen, nackten, schwarzen Jungen bevölkert wurden. Sie schlugen sich mit den Fäusten auf die Bäuche, was einen seltsamen Widerhall erzeugte, und brüllten der Gruppe von Fremden, die sich über den Rand lehnten, unablässig zu: »Nix Vater, nix Mutter, danke scheen!« Deutlich aus dem Rahmen der Gruppe fielen ein paar schottische Soldaten, die wehmütig die abscheulichen Becken beäugten, die sie sicherlich schon hundertmal zuvor besichtigt hatten. Schottenröcke in Aden! Zu Hause sind wir ja an Schottenröcke gewöhnt, doch man präsentiere sie dem fremdländischen Auge und beobachte die Wirkung. Ist es nicht Mme. de Noailles, die so anerkennend von dem *miroitement des genoux roses* spricht? Als wir wieder in unser klappriges Auto stiegen, schauten uns die schottischen Soldaten traurig nach; wir waren glückliche Zugvögel, während sie zurückbleiben mußten.

Es ging im gleichen wilden Tempo weiter, diesmal ins Innere der Erde: Mit lautem Gehupe rasten wir in einen langen Tunnel hinab. Wir verscheuchten Kamele und verschreckten Nomaden, als wir anschließend auf eine Landschaft zufuhren, die noch häßlicher war als alles andere, was wir bisher gesehen hatten. Es war dort vollkommen flach, eine trostlose Gegend, ausgebleicht durch riesige Lachen aus Salz. Eigentlich gibt es nur wenige Manifestationen der Natur, die man als durch und durch häßlich bezeichnen kann; das Salz gehört sicherlich dazu. Es breitet sich über den Boden aus wie Lepra, so daß einem der Ausdruck »Salz der Erde« plötzlich alles andere als positiv erscheint. Vergeblich hatten wir zu verstehen gegeben, daß wir die Salzfelder eigentlich gar nicht sehen wollten; der beflissene Sekretär war jedoch wild entschlossen, sie uns zu zeigen, und da er ständig um den Chauffeur herumscharwenzelte, brauchte er ihn schließlich nur noch mit einem Fingerschnipsen in die entsprechende Richtung zu weisen, während wir auf dem Rücksitz krampfhaft unsere Hüte festhielten und aufpaßten, daß wir nicht aus dem Auto geschleudert wurden. Es kam uns so vor, als seien wir unendlich lange unterwegs gewesen, als wir endlich die Salzfelder erreichten. Die Luft roch bitter nach Sole, die großen Haufen aus Salz reihten sich aneinander wie weiße Zelte, ungenutzte Windmühlen streckten ihre reglosen Flügel aus. Der Sekretär wollte wohl, daß wir in Bewunderung ausbrachen. Wir waren dankbar für die Atempause, schüttelten unsere Kleider aus und versuchten, uns ein wenig von dem Staub aus den Augen zu reiben. Ob er uns jetzt erlauben würde, endlich nach Aden zurückzukehren? Weit gefehlt, es gab noch einen Park, den wir unbedingt sehen mußten. Erbarmungslos wurden wir zu diesem Park gekarrt, rasten zum einen Tor hinein und zum anderen wieder hinaus. Dann ging es zurück nach Aden. Wir jagten um scharfe Ecken, brausten steile Berge hinab, und die ganze Zeit über heulte der heiße Wind über das Land und wehte uns Staub und Sand ins Gesicht. Masepa selbst hätte keine beschwerlichere Reise haben können. Nur unser Sekretär schien zufrieden. Endlich erreichten wir die Stadt und dachten schon an die friedlichen Kabinen auf unserem ankernden Schiff, als das Auto mit einem Satz vor einer

Ford-Werkstatt plötzlich stehenblieb und man uns aufforderte auszusteigen. Wir waren inzwischen schon viel zu benommen, um Widerstand zu leisten, und folgten dem Sekretär in den Hof, wo unzählige fahruntaugliche Lastwagen und verrostete Schrotteile herumstanden. Sollte dies etwa eine der Sehenswürdigkeiten Adens sein? »Löwen«, rief der Sekretär voller Stolz, und tatsächlich, zwischen all dem Gerümpel hockten zwei heruntergekommene Löwen in einem kleinen Käfig. Pflichtschuldig betrachteten wir die armen Tiere, die müde an uns vorbeistarrten, wohl in die Richtung ihrer Heimat Afrika. Mit einem triumphierenden Lächeln hatte der Sekretär neben dem Käfig Aufstellung genommen. Doch wir konnten ihm immer noch nicht entfliehen, denn er duldete keine Widerrede und brachte uns in das Haus seines Herrn. Nach den Wasserbecken, dem Tunnel, dem Wind, dem Salz und den Löwen kam uns das Haus wie eine Oase vor. Es hätte einen guten Schauplatz für einen Roman von Joseph Conrad abgegeben. Im Erdgeschoß befand sich ein niedriger, dunkler, aromatisch duftender Apothekerladen, darüber erhoben sich luftige Räume mit Marmorfußböden, Schiffsmodellen und gläsernen Vasen; dichtgebundene Sträuße aus den verschiedensten Kräutern hingen wie Girlanden über den Türen, auf den Tischen lagen Rechnungsbücher verstreut. Nachdem wir eine Weile auf ihn gewartet und, wie man dies im Haus eines Fremden so häufig tut, flüsternd unterhalten hatten, gesellte sich der alte Parse zu uns. Seine Enkeltochter, ein fahlgesichtiges Mädchen mit dichtem, schwarzem Haar, begleitete ihn. Der Sekretär lungerte in der offenen Tür herum und spielte mit seinem Spazierstock. Barfüßige indische Diener brachten Tee und süße Kekse. Die Konversation gestaltete sich ein wenig mühsam. Wir wollten uns vor diesem alten Kaufmann und Prinzen, der dank seines Reichtums und seiner bedeutenden Stellung in der Stadt berechtigt war, sich Adenvala zu nennen, nicht abfällig über das äußern, was wir gesehen hatten. Und er saß da und rührte in seinem Tee, die Augen niedergeschlagen; ein leichtes, unergründliches Lächeln spielte um seinen Mund. Schließlich bewunderten wir ein Foto des Prinzen von Wales und eine ziemlich verblaßte Gruppenaufnahme, die vor langer Zeit an Bord der *Ophir* aufgenommen worden war, während er – ganz zynischer, gerissener Händler – seiner Loyalität für die britische Fahne Ausdruck verlieh.

Ich hoffe, ich werde niemals einen Grund haben, mich Adenvala zu nennen. Als ich am Abend an der Reling lehnte und den Möwen zuschaute, die das Schiff mit wilden Schreien umkreisten und sich um die Abfälle balgten, fragte ich mich, ob ich Aden mit seinen Wasserbecken, Salzfeldern und Löwen und dem alten Mr. Kaikobad Cavasjee Dinshaw Adenvala jemals wiedersehen würde. Zumindest beschloß ich, wenn es irgend möglich war, nie wieder auf dieser Route nach Persien zu reisen.

3

Ist man mit den Prinzipien der Navigation nicht vertraut, erscheint es einem wie ein Wunder, daß ein Schiff nach vier Tagen Fahrt über die scheinbar ewig gleichen Weiten des Ozeans schließlich mit höchster Präzision die Hafenmole einer ganz bestimmten Stadt erreicht. Daß es mit Hilfe des Kompasses früher oder später einmal auf die Küste Indiens trifft, erscheint einleuchtend, aber daß es so unfehlbar zwischen den Bojen von Bombay hindurchgleitet, ohne sie erst lange suchen zu müssen, bleibt eines jener Geheimnisse, das keine noch so plausible Erklärung jemals anzutasten vermag. Ich traute meinen Augen nicht, als ich eines Morgens gegen vier in ungewöhnlicher Stille erwachte, aus meinem Bullauge schaute und das

Morgenrot nicht, wie ich es bereits gewohnt war, über der Weite des Meeres, sondern hinter einer dunklen Bergkette heraufdämmern sah. Kleine Boote waren auf dem Wasser verstreut wie helle Punkte; Milane kreisten in der Luft; gelbe Lichter säumten die Uferkante; Tauwerk schnitt gestrichelte Konturen in den flammenden Morgenhimmel. Die Geschäftigkeit des Festlands war bereits deutlich zu spüren, obgleich das Land noch schlief und das Schiff gar nicht bemerkte, das sich klammheimlich noch vor Beginn des neuen Tagewerks in seinen Hafen schlich. Die Landkarten haben also doch recht behalten: Es gibt einen Kontinent auf der anderen Seite jenes endlosen Ozeans! Ich hatte mich in der kurzen Zeit schon so daran gewöhnt, in der Morgendämmerung an Deck zu laufen und zuzuschauen, wie der Tag über dem Meer anbrach, daß ich mir staunend die Augen rieb, als mein Blick auf Kais und Häuser fiel – und auf Indien, das sich jenseits des Hafens eindrucksvoll erhob.

4

Von der Zeit in Indien ist mir erstaunlich wenig geblieben; fast kommt es mir so vor, als wäre ich nie dort gewesen. Nur wenige Dinge stechen heraus, aber auch sie wirken seltsam distanziert, als hätte ich sie durch das ausgeschnittene Loch einer Maske gesehen – helle, isolierte Bilder vor einem schwarzen Hintergrund. Eine Brücke über einen Fluß, voll mit Tieren; Hörner und geduldige Gesichter; ein Meer aus Tierrücken; ich sehe die Stöcke der Männer auf die grauen, borstigen Rücken der Büffel fallen; ich sehe, wie die gehörnten Köpfe sich umwenden, in dem sanftmütigen, verständnislosen Wunsch zu gehorchen; ich sehe den glitzernden Fluß unter der Brücke, die langen Uferstreifen aus weißem, gleißendem Sand; und dann wieder die schattige Brücke mit der großen, sich langsam vorwärts bewegenden Menge, als würden alle Herden der Welt der letzten Schlachtbank entgegen getrieben. Ich sehe eine langgezogene, von Bäumen umstandene Straße im Dämmerlicht, sehe einen Schakal, der mich aus dem Gebüsch wachsam beäugt. Ich sehe eine rote Stadt, die sich auf einem Berg erstreckt; dort gibt es Affen und schrille, grüne Papageien; und ich sehe den gespannten, braunen Körper eines Mannes, der aus schwindelerregender Höhe in einen grünen Pool springt. Eine rote Stadt und das Genie von Akbar, eine weiße Stadt und das Genie von Lutyens – das Mogulreich, und das britische Empire. Doch steht all das in keinem Verhältnis zu Indien; Indien ist zu riesig, zu vielgestaltig, um als Ganzes erfaßt zu werden; es treten stets nur Einzelheiten hervor. Ich weiß, daß ich zwei Tage und Nächte lang in einem zum Ersticken heißen Kasten mit Rauchglasfenstern saß, der als Bahnwaggon galt, mir jedoch vorkam wie das schwarze Loch von Kalkutta auf Rädern. Ich weiß, daß ich durch die Fenster gewaltige Landschaften vorüberziehen sah, die englischen Parks enttäuschend ähnelten. Doch bald fuhren wir durch den Dschungel von Bhopal nach Gwalior, überquerten wilde Schluchten und umrundeten Berge, die wie rechteckige Zuckerhüte aussahen. Wenn ich mich hinauslehnte, sah ich hinter mir den schlangenförmigen Zug und einen Wald aus braunen Armen und Beinen, die zur Abkühlung aus den Fenstern baumelten. Das war Indien, doch ehe ich mich's versah, war ich zurück im Hafen von Bombay, auf einem weiteren Schiff, unterwegs in Richtung Norden nach Karatschi und dem Persischen Golf.

5

Inzwischen betrachtete ich meine Reise als eine Reihe von Zickzacklinien, die kreuz und quer über die Landkarte schossen: ein langer Strich nach Aden in Richtung Süden, ein langer Strich nach Bombay in Richtung Osten – und nun sollte ein weiterer, langer Strich hinzukommen, der jedoch im Gegensatz zu den ersten beiden keine gerade Linie bildete, sondern mehrere stumpfe Winkel hatte: in Richtung Nordwesten nach Bagdad. Als letztes fiele dann noch eine östliche Linie wie der Strahl eines Suchscheinwerfers nach Asien.

Ich hatte mich so darauf gefreut, den Persischen Golf hinaufzufahren. Es gibt Orte, deren Namen sich mit den phantasievollsten Vorstellungen verbinden, und dieser gehörte dazu. Auch auf französisch hat sein Name einen besonderen Dreh: *Le Golfe Persique*. Warum *persique*? Warum nicht *persan*? Ich stellte mir vor, Perlenfischer zu sehen und die ungewöhnlichen phönizischen Grabhügel von Bahrain. In Gedanken ging ich die Namen aller Häfen durch: Maskat, Hormuz, Kuwait, Bandar Abbas, Buschir. Außerdem gehört der Persische Golf zu den heißesten Stellen der Erde. Es wird so sengend heiß, daß die Leute sagen, nur ein dünnes Blatt Papier trenne dort den Menschen von der Hölle. Um diese Jahreszeit würde es nicht so heiß werden, doch man konnte sich vorstellen, daß die Menschen die Hitze als Bedrohung erlebten, als unentrinnbare Plage, der man mit Schrecken entgegensah, daß sie den kommenden Sommer fürchteten und mit Wehmut an all die vergangenen Sommer dachten, die sie bisher ertragen hatten. Je länger ich darüber nachdachte, desto heftiger wurde meine Phantasie entfacht, bis ich mich, was den Golf anging, in einen Zustand abergläubischer Beklommenheit hineingesteigert hatte. Dieser zwischen Arabien und Persien geschobene Wasserkeil wurde zu einem Ort des Fiebers, der Perlen und der Monsune.

Doch wie die meisten Dinge auf die man sich besonders freut, erwies sich der Golf als Enttäuschung, ja, als Alptraum. Ich hatte mir einen Tag vor der Abreise in Bombay den Knöchel verstaucht, und es macht nun mal nicht besonders viel Spaß, die Gangway hinaufzuhüpfen und sich an zwei Krücken die Reling entlangzuquälen. Aber ich hätte auch das ertragen. Noch ehe wir vierundzwanzig Stunden auf See waren, stieg meine Temperatur jedoch plötzlich auf vierzig Grad. Es war sehr heiß und feucht. Ich lag in meiner winzigen Kabine und wäre am liebsten gestorben. Ein kleiner schwarzer Steward in weißen Segeltuchhosen brachte mir Limonensaft. Er war sehr liebenswürdig und verließ meine Kabine kein einziges Mal, ohne sich noch einmal umzudrehen, sich zu verbeugen und feierlich »Es tut mir leid« zu sagen. Aber auf mein fiebriges Gemüt wirkte er unheimlich, eine Figur aus einem Joseph-Conrad-Roman; argwöhnisch beäugte ich sein schwarzes Gesicht, seine weißen Kleider und sein ewiges Glas mit Limonensaft, aus dem zwei lange Strohhalme ragten. Drei Tage lang war er jedoch das einzige menschliche Wesen, das ich zu sehen bekam. Nur einmal schleppte ich mich hinauf und beobachtete die Hindus auf dem Zwischendeck, die Kokosnüsse ins Meer warfen, um die Gottheit eines am Horizont sichtbaren Tempels versöhnlich zu stimmen. Das war noch ehe wir nach Karatschi kamen, wo wir Indien endgültig den Rücken kehrten. Aus irgendeinem Grund war ich fest davon überzeugt, daß ich an Diphtherie erkrankt war und in Karatschi an Land geschickt würde, um dort in einem Krankenhaus zu sterben, daher hörte ich mit großer Erleichterung, wie der Anker gelichtet wurde und die Maschine wieder zu hämmern begann. Jetzt müßten sie mich wenigstens bis Basra mitnehmen. Soweit meine absurden, trostlosen Phantasien. Die weiteren Tage verstrichen in einem Nebel aus Fieber und Schlaf. Mein Tagesablauf kannte nur drei nennenswerte Ablenkungen: Fieber messen, gurgeln und meinen Knöchel untersuchen. Angesichts des letzteren empfand ich ein gewisses snobistisches Bedauern, weil niemand da war, dem ich ihn hätte zeigen können, denn inzwischen hatte er alle Farben eines stürmischen Sonnenuntergangs angenommen. Nach vier Tagen hatte ich vom Kranksein endgültig die Nase voll; ich zerbrach mein Thermometer, zog mich an und humpelte, heiß, schwach und dünn wie ich war, an Deck. Das kleine Schiff fuhr auf grauer, stiller See. Am Horizont waren die rosenfarbenen Klippen Belutschistans zu sehen. Ich nahm mir einen Liegestuhl, Papier und einen Stift und begann, an diesem Buch zu schreiben.

6

Fieber schärft den Geist und die Wahrnehmungskraft; Einsamkeit leistet uns den gleichen Dienst. Ich hatte niemanden, mit dem ich sprechen konnte, außer dem Kapitän, einem jovialen Schotten, der sein Schicksal mit dem für Seeleute so typischen Gleichmut akzeptierte. Ja, sagte er, im Golf könne es ganz schön warm werden, gewiß, und die Monsunwinde brächten ein bißchen Sand und Staub. »Aber es ist erstaunlich«, fügte er hinzu, »was so ein Schiff alles auf sich nehmen kann. Am Ende liegt es lächelnd da, als sei nichts gewesen.« Ein Seefahrerleben erzeugt keine lyrischen Gedanken, sondern nüchterne Standpunkte. Seeleute sind alle vom gleichen Schlag; dieser Kapitän erinnerte mich an einen Kollegen, der eine geborgte Ausgabe des *Taifun** zurückgab und trocken bemerkte: »Hatten wohl ziemlich schlechtes Wetter dort unten, die Jungs.« Der Kapitän mußte bald zurück zu sei-

---

* Erzählung von Joseph Conrad (1857–1926) (Anm. d. Übersetzerin)

ner Brücke, und ich war mir selbst überlassen. Es gab nicht viel zu sehen. Belutschistan wirkte eher wie eine langgestreckte, rosa Wolke als wie festes Land, und auch die Aussichten auf zukünftige Ausblicke waren eher mager, denn der Kapitän hatte mir erzählt, den Golf von Oman würden wir während der Nacht passieren. Schiffe haben offenbar ein besonderes Vergnügen daran, ausgerechnet nachts an den Orten vorbeizufahren, die für ihre Passagiere von Interesse sind. Und so flog meine Hand über das Papier und bedeckte Seite um Seite, während eine Gruppe von Tümmlern dem Schiff folgte und eifrig in die Luft sprang; offenbar suchten sie noch immer nach Salomons Ring, den er im Persischen Golf versenkt hatte. Bald kam der Kapitän zurück, zeigte auf die Küste und bemerkte lakonisch: »Persien.«

7

Die nächsten Tage waren kalt und windig. Es war kein Land in Sicht, und wir hätten statt im Persischen Golf ebensogut auch auf der Nordsee kreuzen können. Das Fieber kehrte zurück. Aber ich war so begeistert, daß mir das Fieber völlig gleichgültig war: Ich hatte ein Buch begonnen, und ich hatte Persien gesehen. Da ich die Perlen Bahrains höchstwahrscheinlich nicht erblicken würde, nahm ich Zuflucht bei den Perlen Prousts; sie baumelten schwer am weißen Hals der Herzogin von Guermantes. Ich wühlte in meiner Baumwolltasche und zog die schäbigen Bände hervor, die mir auf dem Deck der *P. & O.* recht finstere Blicke eingebracht hatten; die Pfarrers- und Leutnantsgattinnen hatten sicherlich soviel Französisch gekonnt, um die Titel zu verstehen, aber ich bezweifle, daß sie je von Proust gehört hatten. Jetzt fischte ich die Bände einzeln aus meiner Tasche und war bald entrückt in

Prousts brillante Welt, die mir in all ihrer Unwirklichkeit so verblüffend wirklich erschien. Durch den Persischen Golf zu fahren und von Prousts rauschenden Festen zu lesen, ist eine Erfahrung, die ich gerne weiterempfehle – ein Paradoxon, das selbst den heikelsten Geschmack befriedigen kann. Ja, ich kam zu der Überzeugung, daß man jedes Buch in einer möglichst unpassenden Umgebung lesen sollte; seine Einheit drängt sich dann so mächtig auf, daß man erschrickt, wenn man wieder in der eigentlichen Welt erwacht. Und so war mir Prousts Welt, als ich von einem Ball im Hôtel de Guermantes in den winzigen Speisesaal der S. S. *Varela* zurückkehrte, noch immer eindrücklich präsent, und es dauerte eine Weile, bis ich merkte, wo ich in Wirklichkeit war.

Dann kamen wir nach Mohammerah und mußten gemeinsam mit mehreren anderen Schiffen an einer Sperre warten, bis wir die Erlaubnis bekamen, den Schatt el-Arab hinaufzufahren. Es dämmerte bereits. Eines nach dem anderen leuchteten die Lichter der Schiffe auf; der laue Himmel hinter den Palmenhainen war von roten und orangefarbenen Streifen durchzogen. Wieder kam es mir wie ein Wunder vor, daß unser Schiff zur richtigen Uferstelle gefunden hatte, auch wenn es diesmal nur durch einen schmalen Meeresarm gefahren war, nicht über die grauen Weiten des Indischen Ozeans. Und so warteten wir am Tor des Irak. Die Maschinen waren verstummt, es war so friedlich wie in einer abgeschiedenen Lagune. Dann bewegten wir uns langsam den Fluß hinauf. Es war jetzt dunkel, und die Wasserstraße war schmal, die flache Küste dicht bestanden mit Dattelpalmen. Die ganze Nacht lang glitten wir so dahin; von Zeit zu Zeit stand ich auf, um durch mein Bullauge zu schauen, konnte jedoch nicht hinter die dicken, hohen Bäume blicken, die am Ufer eine undurchsichtige Mauer bildeten. Ihre Wedel wogten vor dem klaren Himmel sanft hin und her.

8

Von Basra nach Bagdad fährt der Zug schnurgerade durch die Wüste. Gelb und häßlich und so flach wie das Meer erstreckt sich die Wüste von den Gleisen bis an den weiten Horizont, in ihrer Monotonie höchstens von ein paar spärlichen Büschen, leprösen Salzflecken oder Kamelskeletten unterbrochen. Einmal bringt ein Hügel Abwechslung in die Eintönigkeit: das Ur der Chaldäer. Ansonsten gibt es nichts zu sehen. Auf einem Bahnhof steht ein Schild: ›Nach Babylon bitte umsteigen‹. Aber man sieht Babylon vom Zug aus nicht. Und so war ich froh, morgens um sieben Uhr Bagdad zu erreichen, die lauten Rufe zu hören, von denen im Osten alle Handlungen begleitet sind, und die Ziegen zu sehen, die sich mit feierlichem Ernst einen Weg zwischen den Gleisen suchten. Ich war es inzwischen gründlich leid, nur auf mich selbst angewiesen zu sein, und wollte den Persischen Golf und Basra möglichst rasch vergessen. Bagdad barg für mich nicht den Traum arabischer Nächte, sondern die viel größere und tröstlichere Verheißung freundschaftlichen Trosts.

Das war mein Glück, denn wer mit romantischen Erwartungen nach Bagdad kommt, wird herb enttäuscht. Der Tigris wälzt seine gelben Fluten durch die Stadt, und die Häuser, die seine Ufer säumen, wirken wie alle Häuser, die am Wasser liegen, unweigerlich pittoresk; und auch die rundbäuchigen Ruderboote, die, mit Eseln und dicken Bündeln beladen, den Fluß überqueren und dabei hoffnungslos seeuntüchtig wirken, haben einen gewissen Reiz; doch was den Rest angeht, ist Bagdad ein staubiges Durcheinander schäbiger Gebäude, durchzogen von grauenhaften Straßen, die sich bei Regenwetter in einen sumpfigen Morast verwandeln und bei trockenem Wetter Schlaglöcher bilden, über die ein englischer Farmer seinen Wagen nur nach größtem Zögern fahren lassen würde. In

Bagdad sind die Fahrer nicht so wählerisch. Übel zugerichtete und zerbeulte Fords mit zerbrochenen Windschutzscheiben und verwittertem Lack holpern hupend die Straßen hinunter; Kamele, Esel und Araber springen so gut sie können aus dem Weg. Und mag sie noch so eng und holprig sein: es gibt keine Straße, die nicht von Autos befahren wird. Ich muß gestehen, ich war entsetzt über die Bagdader Straßen, vor allem nachdem wir die Hauptstraße verlassen hatten und zwischen hohen, nackten Mauern auf einem Weg entlangfuhren, an dem noch die Stümpfe der Palmen standen, die man erst vor kurzem gefällt hatte. Die Straße war schlammig, wir schlitterten und rutschten, landeten auf einem Baumstumpf und wurden wieder in die entgegengesetzte Richtung geschleudert. Und während wir weiterrasten, neigten wir uns gelegentlich in einem Winkel, der allen Regeln der Balance widersprach und in England sicherlich jedes normale Auto längst umgeworfen hätte.

Dann: eine Tür in der nackten Wand, ein unsanfter Halt, ein Quietschen der Torangeln, ein lächelnder Diener, fröhlich bellende Hunde, ein Blick auf einen Gartenpfad, gesäumt von getopften Nelken, eine kleine Veranda, ein kleines, flaches Haus am Ende des Pfades und eine englische Stimme – Gertrude Bell.

Zum ersten Mal hatte ich sie in Konstantinopel gesehen. Damals war sie mit all den Abendkleidern, Bestecken und Tischdecken, auf die sie bei keiner ihrer Wanderungen hatte verzichten wollen, direkt aus der Wüste gekommen. Später hatten wir uns dann noch einmal in England getroffen. Aber hier war sie am richtigen Ort, im Irak, in ihrem eigenen Haus, mit ihrem Büro in der Stadt und dem weißen Pony in der Gartenecke, mit ihren arabischen Dienern, ihren englischen Büchern und den Scherben aus Babylon auf dem Sims des Kamins, mit ihrer langen, dünnen Nase und ihrer unerschütterlichen Vitalität. Ich fühlte, wie all meine Einsamkeit und Verzweiflung innerhalb weniger Sekunden von mir wichen. War es im Golf sehr heiß gewesen? Ich hatte Fieber? Ein wenig Chinin würde das schon wieder in Ordnung bringen. Und einen verstauchten Knöchel? Wie schlimm! Und wollte ich lieber zuerst frühstücken und dann ein Bad nehmen oder umgekehrt? Und würde ich gern ihr Museum sehen? Wußte ich, daß sie zur Direktorin aller altertümlichen Stätten im Irak ernannt worden war? War das nicht ein Witz? Und würde ich zum Tee mit zum König kommen? Ja, es seien viele Briefe für mich gekommen. Ich humpelte hinter ihr her den Pfad zum Haus entlang, und die ganze Zeit über redete sie ununterbrochen, mal auf Englisch mit mir, dann auf Arabisch mit ihren Dienern. Sie hatte die Gabe, jeden mit ihrem Eifer anzustecken, allen das Gefühl zu geben, daß das Leben voll, reich und aufregend ist. Zum ersten Mal seit zehn Tagen hörte ich mich lachen. Der Garten war klein, aber kühl und freundlich, Gertrudes Spaniel schien nicht nur mit dem Schwanz, sondern gleich mit dem gesamten kleinen Körper zu wedeln, das Pony schaute über die Stalltür und wieherte sanft, und ein zahmes Rebhuhn trippelte über die Veranda. Als ich Gertrudes großen, grauen Sloughi aus dem Haus kommen und mit dem Schwanz gegen einen Pfosten der Veranda schlagen sah, sagte ich: »So einen hätte ich auch gern. Ich würde ihn mit nach Persien nehmen.« Es war ein echter Wunsch, aber ich hatte nicht mit Gertrudes Promptheit gerechnet. Sie eilte ans Telefon, und während ich die Sahne über meinen Porridge goß, hörte ich, wie sie jemandem erklärte, ihre Freundin sei aus England gekommen und müsse sofort einen Sloughi haben, sie führe schon morgen weiter nach Persien, deshalb müsse noch am Morgen eine Auswahl vorbeigeschickt werden. Dann saß sie wieder in ihrem Sessel und sprudelte die verschiedensten Informationen heraus: über die aktuelle Situation im Irak, die Ausgrabungen in Ur, die Notwendigkeit eines neuen Museums. Anschließend bombardierte sie mich mit Fragen. Welche Bücher sind in letzter Zeit herausgekommen? Was war in England los? Die Ärzte hatten ihr dringend davon abgeraten, einen weiteren Sommer in Bagdad zu verbringen, aber was sollte sie in England tun? Sich das Herz aus dem Leibe sehnen nach dem Irak? Nächstes Jahr, vielleicht... Ich könnte doch nicht behaupten, daß sie krank aussah, oder? Doch, ich konnte es, und ich sagte es auch. Sie schob es mit einem Lachen beiseite. Dann sprang sie auf – alle ihre Bewegungen waren schnell und ungeduldig – und sagte, wenn ich mit dem Frühstück fertig sei, könne ich mein Bad nehmen. Sie müsse dringend ins Büro, sei aber zum Mittagessen wieder zurück. Es kämen Gäste zum Mittagessen. So redete und lachte sie, setzte sich, ohne dabei in den Spiegel zu schauen, einen Hut auf und verließ das Haus.

Ich nahm ein Bad – Gertrudes Haus war äußerst einfach, und das Bad bestand nur aus einer Zinkwanne, die auf dem Boden stand. Dann trudelten auch schon die Sloughis ein. Sie wurden von verlegen lächelnden Arabern in weißen Wollgewändern an der Leine hereingeführt. Ich wußte nicht, was ich tun sollte, also bat ich darum, die Hunde an die Pfosten der Veranda zu binden, bis Gertrude zurück wäre, und da waren sie nun, eine Armee alleingelassener Hunde, gelb, weiß, grau und elegant, aber übersät von Fliegen und Zecken. Ich traute mich nicht in ihre Nähe, aber sie rollten sich zufrieden zusammen, und das Rebhuhn stolzierte auf seinen zierlichen rosa Beinen zwischen ihnen herum. Ich suchte mir ein Schattenplätzchen und legte mich schlafen. Gerade, als mein Mut wieder zu sinken begann, kam Gertrude zurück, lachte herzlich über die bunte Hundeschar, die ihre telefonische Botschaft – wie durch ein Wunder, so schien es mir – herbeigerufen hatte. Sie rief den Dienern zu, sie sollten ein Bad für den Hund vorbereiten, den ich auswählen würde, nahm ihren Hut ab, setzte ein paar Stiefmütterchen auf den Mittagstisch, schloß die Fensterläden und gab mir von jedem ihrer Gäste eine Kurzbiographie.

Sie war eine wundervolle Gastgeberin. Ich spürte, daß ihre Persönlichkeit einen Zusammenhalt schuf und für die exilierten Engländer, deren Gemeinsamkeit im Dienst für den Irak bestand, einen Mittelpunkt bildete. Sie alle schienen vom gleichen Geist einer konstruktiven Hingabe beseelt zu sein, aber es war deutlich zu spüren, daß ihre Mission ohne die glühende Begeisterung Gertrude Bells eher einer reinen Pflichterfüllung gleichgekommen wäre. Welches Thema Gertrude auch berührte, sie strahlte stets einen ungetrübten Enthusiasmus aus. Eine so große Vitalität war unwiderstehlich. Wir machten Pläne für den Herbst, wenn ich nach Bagdad zurückkehren würde. Wir nahmen uns vor, gemeinsam nach Babylon und nach Ktesiphon zu fahren; bis dahin hätte sie auch ihr eigenes Museum. Wenn sie tatsächlich dazu gezwungen wäre, nach England zurückzukehren, würde sie ein neues Buch schreiben, sagte sie. So saßen und redeten wir, wie Freundinnen, die sich lange Zeit nicht gesehen hatten, bis die Schatten länger wurden und Gertrude sagte, es sei Zeit, zum König zu gehen.

Das Haus des Königs lag etwas außerhalb der Stadt. Es wirkte heruntergekommen, ja, fast baufällig, die Pflastersteine der Terrasse waren vom Unkraut angehoben, überall blätterte der Putz, und die Wände hatten feuchte Flecken. Der König selbst war ein großer, dunkler, schlanker, attraktiver Mann; er sah aus wie das Opfer einer romantischen, fast byronesken Melancholie. Sein Französisch war ziemlich schlecht, so daß er sich, wenn ihm die Worte fehlten, auf Arabisch an Gertrude wenden mußte, die es mir dann übersetzte. Sie sprachen darüber, welche Art von Linoleum er für die Küche seines neuen Landhauses wählen sollte. Dann wurde der Tee hereingebracht, begleitet von einer Pyramide aus reichverzierten Keksen, die Feisal offenbar sehr erfreuten, so daß sie auf die Leistungen seines neuen Kochs zu sprechen kamen. Gertrude schien mit den Einzelheiten seines Haushalts ebenso vertraut wie mit seinen Regierungsgeschäften und brachte dem einen wie dem anderen gleich viel Interesse entgegen. Seine Melancholie verschwand, während sie munter mit ihm scherzte, und ich beobachtete sie nachdenklich, den arabischen Prinzen und die Engländerin, von dem gemeinsamen Wunsch beseelt, ein neues Mesopotamien zu schaffen. »Weißt du«, hatte Gertrude mir gesagt, »wir haben das Gefühl, hier etwas sehr Wertvolles zu tun, etwas Kreatives und Konstruktives.« Und trotz ihrer Verehrung für seine königliche Abstammung, trotz des »Sidi«, das sie hin und wieder in ihre Rede einfließen ließ, konnte es nur wenig Zweifel daran geben, wer von den beiden der eigentliche Genius des Irak war. Als wir nach Bagdad zurückfuhren, sprach sie von seiner Einsamkeit: »Er freut sich, wenn ich ihn anrufe und mich zum Tee einlade«, sagte sie. Ich war nur allzu bereit, ihr zu glauben.

Ihr Haus hatte die seltene Eigenschaft, einem von Anfang an das Gefühl großer Vertrautheit zu vermitteln. Am Ende des Tages fühlte ich mich bereits als ein Teil des Ganzen, wie der Spaniel, das Pony oder das Rebhuhn (das übrigens in jener Nacht auf dem Schrank in meinem Zimmer schlief). Ihr Leben war so beseelt, so vital, in jedem Detail so von Energie durchdrungen, daß es auf alle anderen Menschen einfach Eindruck machen mußte. Aber ich war nur ein Zugvogel auf der Durchreise. Am nächsten Abend schon brach ich nach Persien auf. Ein Vollmond stand über Bagdad, und mein Herz wurde warm bei dem Gedanken an die Rückkehr in jenes freundliche kleine Haus, das ich jetzt niemals wiedersehen werde.* Neben

---

* Die von Vita so verehrte Arabistin und Historikerin Gertrude Bell starb vier Monate nach Vitas Besuch im Alter von achtundfünfzig Jahren (Anm. d. Übersetzerin).

mir saß die Sloughi-Hündin, die ich schließlich ausgewählt hatte. »Du mußt sie Zurcha nennen«, hatte Gertrude gesagt, »das heißt ›die Gelbe‹.« Aus jedem Straßencafé war, durch den dichten Rauch, der aus den Wasserpfeifen der Araber stieg, das Gekreische eines Grammophons zu hören. Kurze Innenansichten rauchiger, erleuchteter Räume glitten an mir vorbei, während mein Taxi zum Bahnhof holperte. Doch ich hatte keine Muße für ihren Tand und ihre Disharmonie, während ich auf dem Rücksitz hin- und hergeschleudert wurde und mich an meinem Gepäck festhielt. Was waren die Araber für mich, was war ich für sie, während unsere Wege sich so flüchtig kreuzten? Sie in ihren Gewändern, edel und ärmlich, voll undurchdringlicher Vitalität; ich eine Reisende, unterwegs zum Bahnhof. Sie hatten die ganze Wüste hinter sich und ich ganz Asien vor mir. Bagdad war für mich nur eine Anlaufstelle, ein letzter Stützpunkt in der Zivilisation, erhellt durch jenen wachen Geist, erwärmt durch jenes aktive Leben. Für mich lag es, als würde ich von einer Anhöhe darauf hinunterschauen, genau zwischen Arabien und Asien, in der Mitte zwischen Schweigen und Schweigen.

Nach Persien

1

An jenem fernen Januarmorgen in Victoria Station war mir Bagdad weiß Gott schon weit genug erschienen. Den Blick nach Osten gewandt, wirkte es jetzt fast vorstädtisch auf mich; die großen Weiten lagen erst noch vor mir. Es war das letzte Mal, daß ich einen Zug zu Gesicht bekommen sollte; das letzte Mal, daß mich die vertrauten Bahngeräusche in den Schlaf sangen.

Es war ein kleiner, armseliger Zug, der zehn mühsame Stunden brauchte, um die hundert Meilen von der Ebene in die Berge zurückzulegen, bis er in der frostigen Morgendämmerung endlich dampfend und schnaufend an seinem Endbahnhof stand. Endbahnhöfe bekommt man in Europa nicht häufig zu sehen. In England muß es sie geben, weil der Zug an bestimmten Punkten sonst nicht anders könnte, als ins Meer zu fahren; es gibt sie in Dover oder in Brighton – obwohl in Brighton im rechten Winkel eine Nebenstrecke abzweigt, die an der Küste entlang nach Worthing führt. Auf dem europäischen Kontinent sind Endbahnhöfe äußerst selten, es sei denn, man fährt nach Lissabon oder nach Konstantinopel. Doch selbst in Venedig gibt es keinen echten Endbahnhof; der Zug dreht um und fährt vergnügt durch den Balkan weiter. Wir sind es gewohnt, die Waggons ins Unbekannte verschwinden zu sehen, nachdem wir ausgestiegen sind und neben unserem Gepäck auf dem Bahnsteig stehen. Doch hier, in Khaniquin, gab es keinen geographischen Grund dafür, warum die Gleise, anstatt eintausend, zweitausend, zehntausend glänzende Meilen weiterzuführen, vor einem stumpfen Prellbock endeten.

Bergluft um fünf Uhr morgens macht hungrig. Das

kleine Restaurant war von einem Mitreisenden besetzt, einem untersetzten Mann in kompletter Reitausrüstung mit Kniehosen und Ledergamaschen; selbst eine Reitpeitsche hatte er dabei. Er empfahl den Porridge, und wir kamen ins Gespräch. Ich sagte, daß wir wohl bald zu den Wagen gehen müßten. »Gehen?« erwiderte er. »Ich bin gerade elftausend Meilen gegangen.« Ich fragte ihn, ob dies sein erster Besuch in Persien sei. »Mein erster Besuch?« gab er zurück. »Ich bin siebzehn Mal rund um die Welt gereist.« Wegen seines Akzents hielt ich ihn zuerst für einen Schotten, aber er nannte mir seinen Namen und erzählte mir, er spreche fünfundzwanzig Sprachen und sei ein belgischer Marquis. Er wurde von seinem Sekretär begleitet, einem schweigsamen, geknechteten jungen Mann, der mit unzähligen Kameras, Thermosflaschen und Feldstechern behängt war. Ich habe ihn nie reden hören und seine Nationalität nicht ergründen können. Er konzentrierte sich so auf sein Frühstück, als wüßte er nicht, wann er das nächste Mal Gelegenheit hätte, seine Speisekammer aufzufüllen. In dieser Hinsicht erinnerte er mich an meine Sloughi-Hündin, die als echte Nomadin eine völlig klare Lebenseinstellung hatte: Iß und schlaf, wann immer du kannst, denn du weißt nie, wann die nächste Mahlzeit oder die nächste Pause kommt.

Die Weiterfahrt verzögerte sich (die übliche Verspätung), und in der Zwischenzeit verfärbte sich der Himmel hinter den Bergen. Eine Kamelkarawane erhob sich und schwankte über die Hochebene fort; die Glocken der Kamele klangen immer schwächer, ihre außergewöhnlichen Silhouetten wurden schwärzer und hoben sich in der Ferne immer schärfer gegen den Morgenhimmel ab. Dann ging die Sonne auf. Der Schnee auf den fernen Bergen begann rötlich zu schimmern, der graue Morgen war vorbei, die Hochebene voll von Morgenlicht. Ich war begeistert, als ich sah, daß die Straße direkt auf das Morgenrot zuführte. »Im Osten geht die Sonne auf«, sagen wir leichthin; jetzt bekam dieses leere Wort für mich eine neue Bedeutung: Die Sonne würde uns den Weg weisen. Wer reist, kommt in der Tat mit dem Lauf der Gestirne sehr eng in Berührung. Vertraute Sterne leuchten auf oder verblassen, Orion steigt auf, und der Große und der Kleine Bär vollführen am Himmel ihre Eskapaden. Der Lauf der Sonne wird uns bewußt. Zu Hause ziehen all diese himmlischen Phänomene über unsere Köpfe hinweg, ohne daß wir uns die Mühe machen, aufzuschauen und diese Zurschaustellung pünktlicher, phantastischer Mechanismen zu bewundern. Der Reisende jedoch kommt nicht umhin, sie sich bewußtzumachen.

Vor dem Bahnhof warteten die schlammverschmierten, vollbeladenen Wagen; die legendären Worte TRANS-DESERT MAIL waren in weißer Farbe auf die Motorhauben gemalt. Sie hatten auf der Fahrt von Beirut hier ihren regulären Halt. Der Marquis schlug nervös mit der Peitsche gegen seine Gamaschen und scharwenzelte um die Wagen herum, wie in der Geschichte mit der Fliege und der Kutsche. Es gelang mir, einen Bogen um den Marquis zu machen und gemeinsam mit Zurcha auf dem Vordersitz eines anderen Wagens zu landen. Meine neuerstandene Hündin war zwar so langbeinig wie ein Fohlen, konnte sich jedoch auf erstaunlich kleinem Raum zusammenkringeln und begann gleich zu schlafen. Ich war froh darüber, denn während einer fünfhundert Meilen langen Fahrt ein widerspenstiges Tier bändigen zu müssen, ist keine besonders erfreuliche Sache, und ich hatte mir Sorgen darüber gemacht, wie eine direkt aus der Wüste kommende Sloughi wohl auf ein Auto reagieren würde. Die kleine, gelbe Nomadin nahm jedoch alles hin, was das Leben ihr bescherte. Ihre Langmut war vorbildlich, machte mich gelegentlich aber auch ein wenig ungehalten. Sie bestand auf Wärme und Futter; sie teilte mein Mittagessen mit mir und kroch unter mein Schaffell. Danach machte sie sich nicht mehr bemerkbar. Ich war erleichtert, empfand es aber auch ein wenig als undankbar, weil sie gar nicht würdigte, daß ich sie mit nach Persien nahm.

Ich selbst war mir lebhaft bewußt, daß ich nach Persien fuhr. Die Schnauze des Wagens zeigte direkt auf die Sonne. Auf diesem Weg war Alexander nach Persien gekommen, nicht aber Marco Polo, Mme. Dieulafoy, M. de Gobineau oder gar Lord Curzon. Diese Straße, die zwischen den beiden wilden Provinzen Kurdistan und Luristan hindurchführte, hatte bis zum Krieg nur als Karawanenpfad zwischen Persien und Bagdad existiert; keinem Reisenden wäre es eingefallen, auf diesem Pfad sein Eigentum oder gar sein Leben aufs Spiel zu setzen. Nur Nasreddin Schah hatte eine Expedition unternommen und die Stammeshäuptlinge der Kurden und Luren um sich versammelt. Als er erfuhr, daß diese abergläubischen und unwissenden Räuber den Schah für einen fünf Meter großen Riesen hielten, und man ihn warnte, die Enttäuschung darüber, daß er ein Mann von völlig normaler Statur sei, könne ihre Loyalität untergraben, er aber doch entschlossen war, sich seinen räuberischen Vasallen zu zeigen, griff er zu einem raffinierten Notbehelf: Nachdem er sein Zelt so hatte aufschlagen lassen, daß die ersten Strahlen der aufgehenden Sonne direkt darauf fielen, ordnete er an, die Brust seiner Uniform vom Kragen bis zum Saum mit sämtlichen Diamanten zu besetzen, die die persische Schatzkammer hergab. Die Häuptlinge versammelten sich in der Morgendämmerung. Als die Sonne aufging, wurde das Zelt des Schahs aufgeschlagen, und in den hellen Strahlen erschien eine reglose, glitzernde Gestalt. Die Häuptlinge warfen sich nieder; als sie ihre geblendeten Augen wieder erhoben, war der Schah auf wunderbare Weise verschwunden.

Ich fragte meinen Fahrer, ob er auf der Straße jemals überfallen worden sei. Nein, sagte er, aber mehrere seiner

Kollegen, die dumm genug gewesen seien, anzuhalten, als man es ihnen befohlen habe. »Wenn jemand etwas von mir will«, fügte er hinzu, »fahre ich einfach auf ihn los.« Mit diesen Worten legte er den Gang ein, und die Fahrt begann. Die ersten Meilen waren grauenhaft. Es herrschte ein unglaubliches Gewimmel. Wir überholten die lange Reihe von Kamelen und unzählige Esel, mit Benzinkanistern beladen; auch einige Fuhrwerke waren unterwegs, dazwischen zahlreiche Lastwagen mit Getreide, einige fuhren langsam voran, andere waren im Schlamm steckengeblieben. Bäche kreuzten etwa alle hundert Meter den Weg, und der Schlamm stand bis zu den Achsen der Wagen. Eigentlich konnte man kaum noch von einer Straße sprechen; es waren Löcher, die durch die Reste einer Straße miteinander verbunden waren. Unser Gepäckwagen holperte vor uns von Schlagloch zu Schlagloch. Überall war Geschrei. Das Ausgraben der gestrandeten Lastwagen kostete große Mühe, und in die Schreie der Männer mischten sich die dunklen Töne der Kamelglocken und das Quietschen der überladenen Fuhrwerke. Sie alle schienen nach Osten zu wollen; niemand kam uns entgegen. Und so zog die unüberschaubare Menge im klaren Morgenlicht der Grenze zu.

Die irakische Grenze bestand aus einer kleinen Hütte, einem windschiefen Schlagbaum und ein paar Rollen Stacheldraht. In der Hütte bot man uns Tee und Zigaretten an. Wir warteten, bis unsere Pässe abgestempelt waren, und bewunderten die Sammlung von Visitenkarten, die alle vier Wände bedeckte. Der Marquis schoß Fotos mit verschiedenen Kameras. Drei flauschige Welpen wälzten sich im Staub. Wir ließen vor der Grenze eine dichte Traube drängelnder Tiere und Menschen zurück, als wir in das Niemandsland zwischen Irak und Persien vordrangen. Die persische Grenze war ungefähr fünf Meilen entfernt. Uns wurde soldatischer Begleitschutz angeboten, doch wir lehnten dankend ab. Der Schlagbaum wurde gehoben; wir bewegten uns vorwärts; wir waren in Persien.

Damals stellte ich fest, daß keiner der vielen intelligenten Menschen, mit denen ich mich in England unterhalten hatte, in der Lage gewesen war, mir irgend etwas über Persien zu sagen. Natürlich ist mir klar, daß unterschiedliche Menschen unterschiedliche Dinge sehen und ihnen unterschiedliche Bedeutung bemessen. Gegen eine solche Vielfalt von Informationen hätte ich auch nichts einzuwenden gehabt. Doch nun mußte ich erkennen, daß sie mir schlicht und einfach gar nichts gesagt hatten. Nicht einer von ihnen hatte zum Beispiel die Schönheit des Landes erwähnt, aber alle hatten sich ausführlich und mit großen Übertreibungen über die Unbequemlichkeiten des Weges ausgelassen. Ihre Auskünfte erinnerten mich fatal an die traditionelle Antwort des Schwarzen, der, wenn man ihn fragt: »Wie weit ist es bis zu diesem und jenem Ort?«, antwortet: »Nicht zu weit.« – »Ist die Straße steil?« hatte ich gefragt und die Antwort bekommen: »Nicht zu steil.« Auf den Teil, der durch die Ebene führte, mochte das durchaus zutreffen, doch ein anderer Teil führte über atemberaubende Pässe und stieg an einer Stelle innerhalb von sieben Meilen in endlosen Serpentinen auf dreieinhalbtausend Meter an. Niemand hatte mir gesagt, daß ich mir für drei bis vier Tage meinen eigenen Proviant mitbringen mußte; zum Glück hatte ich in Bagdad davon erfahren. Niemand hatte mir gesagt, daß ich, falls sich die Fahrt durch frische Schneefälle verzögern sollte, mehrere Nächte in einer Lehmhütte am Straßenrand verbringen müßte, obgleich dies vielen Reisenden, die weniger Glück hatten als ich, mehrmals passiert war. Im Grunde hatte niemand irgendeine nützliche oder aufschlußreiche Bemerkung gemacht. Aber das hatte auch seine Vorteile, denn es erlaubte mir, Persien ganz unbefangen entgegenzutreten. Ich hatte keine Vorstellung von dem, was mich erwartete.

Während wir weiter der Sonne entgegenfuhren, sah ich ein Land, das anders war als alles, was ich bis dahin gesehen hatte. England, Frankreich, Deutschland, Polen – sie alle haben Gemeinsamkeiten: gepflegtes, kultiviertes Land, gemütliche kleine Dörfer, selbstgenügsame, ziegelgedeckte Anwesen, gepflügte Felder, Weiden, Schober, eine Landschaft, vom Menschen geordnet, seinen Bedürfnissen unterworfen. Auch Italien und Spanien sind sich in dieser Hinsicht ähnlich; die Landschaft ist ebenfalls vom Menschen geprägt, obgleich ihm die rauhere Lage des Landes bestimmte Arbeitsweisen diktiert: Er muß Terrassen anlegen für seinen Wein, seinen Städten eine grobe, mittelalterliche Trutzigkeit geben; die Unterwerfung des Landes ist nicht ohne Kämpfen, Morden und Plündern vonstatten gegangen; Mauren und Tyrannen hatten es immer wieder darauf abgesehen. Rußland hat die endlose grüne Steppe; der Großteil des trockenen Landes ist kultiviert, wird genutzt, muß dem Menschen und seinen Haustieren dienen, ist grün. Persien hingegen blieb so, wie es schon vor der Ankunft des Menschen war. Zwar hat er da und dort ein wenig an der Oberfläche gekratzt, ein wenig Getreide angebaut, in einer Oase aus Pappeln und Obstbäumen an einem Bachlauf ein Dorf erbaut, und seine schwarzen Lämmer tummeln sich unter Pfirsichblüten; doch über meilenweite Strecken gibt es kein Zeichen von ihm; es gibt nichts als die braune Ebene oder die blau-weißen Berge. Unweigerlich stellt sich ein Gefühl unermeßlicher Weite ein. In meinen Gedanken stürzten sich plötzlich die Menschenmengen Europas auf mich und überwältigten mich; ich drohte, unter ihrem Druck zu ersticken, bis sie sich mit einem Mal auflösten und ich frei atmend zurückblieb, erleichtert die Weite um mich herum sah und eine tiefe Gelassenheit entwickelte, als schaute ich von freien Gipfeln in einen weit entfernten Hexenkessel hinab.

Auf seinem Weg zwischen Pässen und Tälern erinnerte

das Auto an einen Adler beim Sturzflug: Kaum hatte es den höchsten Punkt einer Erhebung erreicht, kurvte es auch schon wieder hinunter und brachte weiter Meile um Meile hinter sich, bis die sanfte Monotonie unserer Bewegung mich in eine Art hypnotischen Zustand versetzte und ich die vorbeiziehende Landschaft nur noch wie in Trance wahrnahm. Die Schatten der Wolken brausten über die Ebene, als wollten sie das Auto zu einem Wettrennen animieren. Ab und an streiften sie andere dunkle Flecken: grasende Herden. Wir waren in Kurdistan. Die Bauern, die wir sahen, trugen lange blaue Mäntel mit breiten Schärpen und hohe, krempenlose Hüte aus Filz, unter denen ihr schwarzes, lockiges Haar hervorschaute. Ihre Beine steckten in zerlumpten Beinkleidern. Sie trugen Knüppel in der Hand und trieben Tiere vor sich her. Nach ihrem verlumpten, mittelalterlichen Aufzug zu urteilen, hätten sie als Nachzügler einer geschlagenen Armee durchgehen können. Sie reisten zu Fuß, zu Pferd oder auf grobschlächtigen Fuhrwerken, die sich im Schrittempo vorwärtsbewegten und von vier kleinen, nebeneinander gespannten Pferden gezogen wurden. Wir sahen lange Reihen von Fuhrwerken, die, vollgeladen mit Teppichen und Haushaltsgegenständen, langsam die Straße entlangzockelten. Es war eine erbarmungswürdige, armselige Prozession. Wenn uns, die wir mit einem starken Motor ausgerüstet waren, die Entfernungen schon groß vorkamen, wie mochten sie dann erst diesen Menschen, deren Tagesreise keine wesentliche Veränderung, keine merkliche Verkürzung der Strecke zwischen einer Bergkette und der nächsten mit sich brachte, vorgekommen sein?

Am ersten Tag rasteten wir am Ufer eines schäumenden Flusses am Fuße unseres ersten Passes. Dann verließen wir die Ebene und fuhren in schwindelerregend steilen Kurven bergan. Dabei mußten wir uns an zahlreichen Fuhrwerken und Kamelen vorbeiquetschen, denn auf einem Paß ist immer mehr Verkehr als anderswo. Die

Pferde können ihre Last oft nicht mehr bewältigen und müssen ein- und wieder ausgeschirrt werden. Sie rutschen auf der steinigen Oberfläche aus. Kleine Esel kamen uns entgegen, sich behutsam vorwärts tastend. Kamele stiegen mit wiegenden Schritten auf ihren weich gepolsterten Füßen herab. Wenn wir hinaufschauten, konnten wir die gesamte Paßstraße überblicken, die sich im Zickzack zwischen den Felsen hinaufwand, bevölkert von Tieren und schreienden, prügelnden Männern. Wenn wir hinunterschauten, hatten wir einen herrlichen Ausblick über die Ebene. Was für ein wildes, ödes Land! Doch erfüllte es mich mit außerordentlicher Hochstimmung. Noch nie hatte ich etwas gesehen, das mir so sehr gefiel wie dieses persische Hochland mit seinen überwältigenden Ausblicken, seinem klaren Licht und seiner felsigen Erhabenheit. Dies war sie also, in Wirklichkeit – die Region, die auf den Landkarten als »Persien« bezeichnet wird. Ich will es ganz bewußt genießen, sagte ich mir, will jede Meile des Wegs auskosten. Aber es waren zu viele Meilen, und obgleich ich, auf dem Vordersitz des Wagens sitzend, den warmen Körper meiner Hündin neben mir, den durchdringenden Geruch des Schaffells in der Nase, unablässig hinaussah, kann ich mich nicht mehr an Einzelheiten erinnern, nur noch an den allgemeinen Horizont. Diese Frage des Horizontes darf jedoch nicht unterschätzt werden, sie ist ungeheuer wichtig, weil sie die Form des Denkens verändert, weil sie ganz wesentlich das letztendliche Gefühl für ein konkretes Land bestimmt! All das läßt sich niemals in Worten ausdrücken: die genaue Größe, Proportion, Kontur – der neue Maßstab, an den das Denken sich anpassen muß.

Nach der Paßhöhe rechnete ich damit, daß es wieder hinunterging, ins nächste Tal; die Erfahrung, auf der Höhe zu bleiben, war für mich neu. Ich war es nicht gewohnt, umgeben von Berggipfeln auf einer geraden Straße dahinzufahren. Aber das waren die Hochebenen

Asiens. Den ganzen Tag über fuhren wir so weiter, bis die Dunkelheit einsetzte und die Berge um uns herum die Form kauernder Tiere annahmen, unheimlich und ungewiß. Dieses Land, das den ganzen Tag über von Licht durchflutet gewesen war, seine Strenge eingebüßt und gelegentlich sogar an die abgerundeten, sanfteren Wellen des englischen Hügellands erinnert hatte, zog sich jetzt in seine ursprüngliche Abgeschiedenheit zurück. Es war die Abgeschiedenheit früherer Zeiten, in denen noch keine Reisenden diesen Weg passierten, in denen nur die nomadischen Kurden ihre Herden zu anderen Weiden trieben; es war die Abgeschiedenheit dunklerer Zeiten, in denen die Armeen von Darius und Alexander auf dem Weg nach Ekbatana in diese unwegsame, wilde Gegend eindrangen und sich dabei von einem gefangengenommenen Bauern führen ließen, während Hauptmann und Kaiser von einem Gipfel aus die unbekannten Weiten betrachteten. Der Mond kam hinter einem Hügel hervor – der volle Mond, dessen Geburt ich hinter dem Gittermuster der Takelage auf dem Indischen Ozean gesehen hatte.

Schließlich wandte ich mich menschlicheren Dingen zu und betrachtete das klare, junge Profil des Chauffeurs neben mir. Wir unterhielten uns, während es draußen kühler wurde und der Mond am Himmel stieg. Zurcha schmiegte sich fester in meine Arme und stieß dabei einen zufriedenen Seufzer aus, als hätte ich sie nicht aus der arabischen Wüste entführt, fort von dem Leben der Zelte, Kamele und Lagerfeuer. Der Chauffeur, der die Augen fest auf die Straße gerichtet hielt, sprach mitten in den persischen Bergen mit einem weichen, schottischen Akzent. Normalerweise befuhr er die Wüstenstrecke von Beirut nach Bagdad. Das bedeutete sechsunddreißig Stunden Fahrt mit nur einer einstündigen Essenspause. Zum Teil war die Strecke sehr beschwerlich, es gab keine reguläre Straße, und man mußte ständig nach Geröll und Vertiefungen Ausschau halten. Zum Teil war die Strecke aber auch glatt, so glatt wie ein harter Tennisplatz, so daß man siebzig Meilen pro Stunde fahren konnte. Die Route nach Persien fuhr er nur, wenn andere Fahrer ausgefallen waren. Wenn er Bagdad erreichte, konnte es durchaus vorkommen, daß man ihm sagte, er solle sofort wenden und wieder zurückfahren. »Manchmal sinken wir schlafend aufs Steuerrad«, sagte er grinsend, »aber das macht mir nichts aus, man gewöhnt sich daran. Die Bezahlung ist gut, und meine Frau ist in Beirut.« Allmählich kam seine ganze Geschichte heraus: Er war der Sohn eines schottischen Kleinpächters und war vor vierzehn Jahren nach Rußland gegangen, um beim Eisenbahnbau zu arbeiten. Dort war er vom Krieg überrascht worden und in den Dienst der russischen Armee eingetreten, wo es ihm jedoch gar nicht gefallen hat. Er desertierte, kam nach England, wurde dort Soldat und zog eine Woche später nach Frankreich. Nach dem Krieg versuchte er, nach Rußland zurückzukehren, war bis heute aber nicht weiter als bis nach Syrien oder Persien gekommen. Er hatte geheiratet, aber seine Frau war in Bagdad wahnsinnig geworden, so daß er gezwungen gewesen war, sie quer durch die Wüste nach Beirut zu fahren, um sie dort in einer Anstalt unterzubringen. Das war seine Lebensgeschichte, die er, ohne sie im geringsten für außergewöhnlich zu halten, vor mir ausbreitete. Ich hatte ihn bereits mit der gleichen Gewandtheit sowohl Russisch als auch Persisch sprechen hören – doch unser Gespräch wurde jäh unterbrochen, denn im Licht unserer Scheinwerfer erschien im vollen Galopp ein wilder, farbenprächtiger Reiter.

Wie er es vorhergesagt hatte, trat der Fahrer aufs Gaspedal, und das Auto preschte auf den Reiter zu. Ich dachte schon, wir würden ihn umfahren, denn bei einem Zusammenstoß hätte er sicherlich den kürzeren gezogen: Das Auto war schwer, und sein Pony, ein zierliches, mageres Tier, das an ein Cossack-Pony erinnerte, wäre sicherlich mitsamt seinem Reiter im Graben gelandet. Leider verfehlten wir ihn. Er riß sein Pony mit bewundernswerter Schnelligkeit zur Seite und wich unserem Kotflügel um Haaresbreite aus. Wir hörten nur noch, wie die Hufe des Ponys die Straße hinunterklapperten. Der Fahrer schaute mich an und grinste. »Das ist ihr Trick«, sagte er. »Sie reiten direkt auf die Autos zu, und die meisten Leute bleiben stehen. Wäre ich stehengeblieben, hätten uns innerhalb kürzester Zeit vier bis fünf Männer umringt. Das ist der gefährlichste Teil der Strecke.« Wir fuhren weiter. Es hatte auf der Fahrt bereits mehrere kitzlige Momente gegeben. Auf der Fahrt durch ein Dorf war ein Kurde auf uns zugesprungen und hatte mit einem Stock auf das Auto eingeschlagen. Wegen dieser Gefahren hatte man uns am Schlagbaum angehalten und eine Eskorte angeboten, zumal aus Kermanschah telefonische Anfragen über unser Wohlergehen eingetroffen waren – seltsam, auf dieser wilden, einsamen Straße von telefonischen Botschaften zu hören. Aber wir wollten uns nicht mit einer Eskorte abgeben, sondern ungehindert unser Glück versuchen. Im nachhinein war ich froh, daß wir auf die Eskorte verzichtet hatten. Um nichts in der Welt hätte ich die kurze Begegnung mit dieser räuberischen Geistererscheinung missen wollen. Ich hatte mich gefühlt wie jemand, der plötzlich mitten im Dschungel ein wildes Raubtier vor sich sieht. Fast tat es mir leid, als wir vor uns die Lichter von Kermanschah erblickten.

2

Am nächsten Tag erreichten wir den Schnee. Die ersten Stunden des Tages führten uns wieder durch die Ebenen. Die Landschaft veränderte sich, wurde typisch persisch: Schneeberge in der Ferne, blau und weiß; Gebirgsausläufer in der Nähe, wie unsere nordenglischen Berge, goldbraun in dem seltsamen, intensiven Licht, und in das Goldbraun mischten sich alle möglichen anderen Schattierungen von gelb bis ocker und bernsteinfarben. In der Beschreibung der Farben dieser Berge kann gar nicht übertrieben werden; bis dahin hatte ich nichts gesehen, was ihnen in Vielfalt, Intensität und unerwartetem Eindruck vergleichbar gewesen wäre. Zum Teil sahen die Felsen angemalt, ja, fast künstlich aus; große blau-grüne Flecken wirkten wie mit Kupfersulfat besprüht – Kupfer von Grünspan überwachsen; daneben ragten Felsen aus blassem Malachit in den Himmel; daneben wiederum ein Kamm aus blutroten Felsen; Felsen aus Porphyr. Dann kamen die typischen Karawansereien: rechteckige Einfriedungen aus getrocknetem Lehm, ein Hof in der Mitte, wo die Kamele die Nacht verbringen konnten; kleine Kuppeln aus Lehm über dem Tor. Diese Gebäude, oder zumindest ihre Ruinen, kamen etwa alle zwanzig Meilen in Sicht, da zwanzig Meilen ungefähr dem Tagesmarsch eines Kamels entsprechen. Es kamen die Hütten, sogenannte Teehäuser, in denen den ganzen Tag über Wasser in einem Messing-Samowar brodelt und Tee aus Gläsern getrunken werden kann; andere Lehmhütten dienen als Schutz für die Nacht, wenn die Straßen blockiert sind und der Reisende auf ein Dach über dem Kopf angewiesen ist, um sein Schaffell auszubreiten und mit vom Holzkohlefeuer brennenden Augen die schläfrigen Blicke über die Männer schweifen zu lassen, die rund ums Feuer hocken, während draußen der Wind heult und von der Dunkelheit überraschte Bauern hereinkommen, sich den Schnee von den Schuhen klopfen und ihre kalten Finger über der Glut reiben. Als wir den Fuß des Passes erreichten und die Straße ansteigen sahen, bis sie sich zwischen den Gipfeln verlor, fragten wir uns, ob auch wir gezwungen sein könnten, in einer solchen Schutzhütte Zuflucht zu suchen. In Gedanken hatten wir uns bereits an die Unwägbarkeiten einer Reise in Persien gewöhnt. Am Heck unseres Wagens waren unheilverkündende hölzerne Schaufeln festgebunden; wir hatten Gesprächen über den Zustand der Straße gelauscht: Gestern sei, wenn auch mit großer Verspätung, ein Auto durchgekommen; doch von gestern auf heute konnte sich alles verändert haben; vielleicht hatte ein frischer Schneefall auf dem Gipfel die Straße unpassierbar gemacht; schließlich war uns heute noch kein einziges Auto aus der anderen Richtung, aus Assadabad, entgegengekommen. Wir spekulierten besorgt über den Zustand der Straße, konnten jedoch nicht länger am Fuß des Passes warten. Also begannen wir mit dem Aufstieg. Die Straße wurde steiler, und die Kurven wurden enger, bis der Schnee begann und die Räder im Schlamm durchdrehten. Der Schnee war jetzt überall, nur die schwarze, sumpfige Straße sog ihn noch auf. Wie eine schwarze Linie schlängelte sie sich durch die Schneefelder, unzählige Fuhrwerke kämpften sich um die Haarnadelkurven, und die Flanken der Pferde dampften in der Kälte. Zu beiden Seiten der Straße, die jetzt nur noch eine schmale Gasse war, wuchsen die Schneewälle immer höher, überragten unser Auto schließlich um fast sechs Meter. Überall waren Männer damit beschäftigt, den Schnee zu räumen; dicht eingemummelt, die Gesichter hinter schwarzen Brillen und Mundschützern versteckt, schwangen sie ihre großen, hölzernen Schaufeln. Mit diesen primitiven Werkzeugen, deren lange Stiele sich wie schwarze Striche über den Schnee erhoben, und ihren bunten Lumpen sahen sie aus wie die bewaffneten Bauern der Französischen Revolution. Dreitausend Männer, sagte man uns, arbeiteten hier, um die Straße offenzuhalten und die Lastwagen mit Getreide passieren zu lassen, damit Teheran vor einer Hungersnot bewahrt bleibe. Wir krochen weiter zwischen den Schneewänden bergan; die Kälte nahm ständig zu, bis wir auf über dreitausend Metern endlich den Gipfel erreichten. Vor uns lag eine große, von dichtem Schnee bedeckte Ebene. Wenn wir uns umschauten, sahen wir das braune Land, aus dem wir gekommen waren, und wir hatten das Gefühl, vom Winter in den Sommer zu blicken. Wieder ging es nach der Paßhöhe kaum bergab. Wir erreichten Hamadan, wo die Wurzeln der Pappeln mit Schnee bedeckt waren und Geschichten von Wölfen in der Stadt kursierten.

3

Hier lag das alte Ekbatana, und eine Weile lang wandelten wir in den Fußstapfen von Darius und Alexander. Danach kann ich mich nur noch an eine Monotonie weißer Ebenen und einen weiteren Paß, den Aveh, erinnern, der weit weniger dramatisch, aber sehr viel unangenehmer war, denn auf der Paßhöhe wehte ein bitterkalter Wind. Dann verloren wir wieder an Höhe, das Klima wurde allmählich milder, immer häufiger schimmerte wieder die braune Erde durch. Durch große Pistazienhaine führte uns die Straße schließlich nach Kasvin. Schmutzig, müde und ungeduldig, wie wir waren, mußten wir uns dennoch der üblichen Kontrolle unterziehen. Diese Prozedur an den Toren der Städte amüsierte mich immer: Man mußte seinen Namen nennen und seine Papiere vorzeigen, dann wurden die Angaben mit einem Bleistiftstummel in ein schmieriges Notizbuch geschrieben, erst anschließend durfte man das Stadttor passieren. Diese pedantische Sorgfalt stand in einem eigenartigen Gegensatz zu der völligen Gleichgültigkeit, die einem entgegenschlug, sobald man die Stadt wieder verlassen hatte und auf dem Land war, wo man ausgeraubt oder ermordet werden konnte, ohne daß sich irgend jemand einen Dreck darum scherte.

Am vierten Tag begann schließlich die letzte Etappe unserer Reise. Wir hatten den Schnee hinter uns, wofür ich dankbar war, denn er hatte die herrlichen Farben und eigentümlichen Formen des Landes unter einer dicken, weißen Decke verborgen, deren Gleichförmigkeit noch nicht einmal von Tierfährten unterbrochen wurde. Hier, in der Ebene von Kasvin, waren die Erhebungen jedoch frei von Schnee, und nur die Gipfel des Elbursgebirges und anderer ferner Berge leuchteten noch weiß. Etwa einhundert Meilen lang verlief die Straße schnurgerade über die Ebene, und weil es sich um die Hauptstraße zwischen Teheran und Kasvin handelte, wimmelte es nur so von müden Tieren und klapprigen Fahrzeugen, mit Waren für die Hauptstadt voll beladen. Wir sahen ganze Scharen von Eseln und endlose Kamelkarawanen, die am Abend in den Karawansereien Zuflucht suchten – haarige, locker schwingende Köpfe und ein Wald aus knochigen Beinen mit hervorstehenden Knien, so schlenderten sie gemächlich durch das Tor, ein unübersehbares Heer von Tieren, die alle viel größer waren als unser Wagen, so daß ihre häßlichen, schlabbrigen Mäuler über uns hin- und herschwangen. Wir sahen aber auch zahlreiche Karren, die von Männern gezogen wurden; zu viert – zwei davor, zwei dahinter – kämpften sie sich schwitzend voran, schafften aber kaum mehr als zwei Meilen pro Stunde. Diese menschlichen Lasttiere wirkten so degradiert, daß man ihnen kaum die nötige Phantasie zutraute, ein Tier dazu zu bringen, ihnen zu dienen; statt dessen schienen sie ihr Los als Sklaven klaglos hinzunehmen und die Straße von Kasvin nach Teheran mit ihren viel zu schweren Karren zu befahren, bis ihre Kraft eines Tages erschöpft sein würde.

Der rege Verkehr deutete darauf hin, daß wir uns in der Nachbarschaft einer großen Stadt befanden, der Hauptstadt, die zu erreichen wir so viele Tage gereist waren. Andere Anzeichen gab es nicht; keine jener verstreuten Vorposten, die in Europa die Nähe zu einer Stadt bezeugen; keine alleinstehenden Häuser, keine anderen Straßen; nur die eine einzige Straße, wie mit einem Lineal über die Ebene gezogen, voll mit Fahrzeugen, Menschen und Tieren. Geier erhoben sich von ihrer schaurigen Mahlzeit am Wegesrand, wo ein Maultier oder ein Kamel gestrauchelt und liegengeblieben war; so drang die Wüste bis zu den Stadtmauern vor. Die Stadt selbst war nicht zu sehen, obgleich wir wußten, wir konnten kaum mehr als zwanzig Meilen von ihr entfernt sein, denn wir hatten bereits die Ausläufer der Berge in Karedj erreicht und sahen den Demawend, den sanften, weißen Berg wie ein Leuchtfeuer vor uns in den Himmel ragen. Irgendwo dort in der Senke mußte Teheran liegen. In der Ferne schimmerte rechts eine goldene Kuppel, die Moschee von Schah Abdul Azim, sagte jemand, und am Straßenrand zogen sich, Maulwurfshaufen gleich, kleine Steinhaufen entlang. Denn in Persien ist es Sitte, einen Steinhaufen zu errichten, wenn man das Ziel seiner Pilgerreise zum ersten Mal erblickt, um damit sein Gelübde zu erfüllen. Ich wäre nicht abgeneigt gewesen, meinen eigenen Steinhaufen hinzuzufügen, denn es erschien mir unglaublich, Teheran endlich so nah zu sein. Aber wo war die Stadt? Links sah man einen Fleck aus grünen Bäumen, einen schwachen Dunst aus blauem Rauch; sonst nichts, nur das offene Land, die Berge, die Wüste und kleine Bäche, die von Zeit zu Zeit die Straße kreuzten. Alles erschien genauso trostlos und unbewohnt wie die einsamsten Gegenden Kurdistans. Und doch tauchte plötzlich vor uns ein Tor auf, daneben ein breiter Graben und ein Wall aus Lehm. Ein Wachposten stoppte uns, das übliche schmierige Notizbuch in der Hand. Persische Städte treffen einen völlig unerwartet, erheben sich in ihrem kompakten, ummauerten Rund plötzlich aus der Wüste. Doch dies, daran gab es keinen Zweifel, war endlich Teheran.

In Teheran

1

Das Land, durch das ich vier Tage lang katapultiert wurde, steht endlich still; anstatt an mir vorbeizueilen, lädt es zu ruhiger Betrachtung ein. Sogar die Berge stehen still, so daß ich nicht länger nur auf einen kurzen Blick in einem bestimmten Licht angewiesen bin, sondern beobachten kann, wie sich ihre Farben in allen Stunden des Tages verändern. Ich kann, wenn ich will, auf ihnen spazierengehen und ihre Steine betrachten, kann mit dem winzigen Leben ihrer Insekten und Flechten Bekanntschaft schließen. Ich bin keine Reisende mehr, ich wohne in der Stadt, habe mein eigenes Haus, meine eigenen Hunde und meine eigenen Bediensteten. Mein Gepäck ist endlich ausgepackt. Die Eisbox steht in der Küche, das Grammophon auf dem Tisch, und meine Bücher sind ordentlich in Regalen aufgereiht. Es ist Frühling. Lange Alleen aus Judasbäumen stehen in voller Blüte, die Täler sind voller blühender Pfirsichbäume, der Schnee auf dem Elbursgebirge schmilzt. In dieser Höhe von fast viertausend Fuß ist die Luft so rein wie der Ton einer Violine, es herrscht Offenheit und Klarheit. Das Gefühl von Ruß und Überbevölkerung, das in europäischen Ländern fast unausweichlich ist, gibt es hier nicht. Es war, als hätte man mich am Kragen gepackt und hoch über der Welt auf einem großen, weiten Dach wieder abgesetzt – auf dem iranischen Hochplateau.

Teheran selbst fehlt, abgesehen von den Basaren, jeder Charme. Es ist eine verwahrloste Stadt mit schlechten Straßen, Abfallhaufen und Scharen von Pariahunden, verrückten kleinen Kutschen mit heruntergekommenen Pferden, ein paar protzigen Bauten und einer Vielzahl ärmlicher, vom Einsturz bedrohter Häuser. Doch sowie man die Stadt verläßt, verändert sich alles. Denn zum einen ist die Stadt von ihrem Lehmwall vollständig umgrenzt, das heißt, es gibt keine Vororte oder angrenzenden Siedlungen außerhalb der Mauern; die Stadt ist die Stadt, und das Land ist das Land, beide sind streng voneinander geschieden. Zum anderen ist die Stadt so niedrig, daß sie selbst aus geringer Entfernung kaum zu sehen ist; sie wirkt wie ein großer, grüner Fleck mit blauen Rauchfahnen. Ich nenne es eine Stadt, aber in Wirklichkeit ist es ein riesiges Dorf. Der Legende nach kam eines Tages ein Spekulant zum Schah und fragte: »König der Könige, wenn ich einen Wall um deine Stadt baue, schenkst du mir dann all das Land innerhalb des Walls, das noch nicht bebaut ist?« Der Schah, der den Mann für einen Narren hielt, stimmte zu. Aber der Mann war kein Narr. Er baute einen so weit angelegten Wall, daß die Stadt bis heute noch nicht aus ihren Mauern herausgewachsen ist.

Man kann Teheran nur durch seine Tore verlassen oder betreten. Die Tore sind nach den Städten benannt, zu denen ihre Straßen führen: Es gibt das Mesched-Tor, das Kasvin-Tor, das Isfahan-Tor und so weiter. Sie sind pittoresk, mit bunten Mosaiken aus blauen, schwarzen und gelben Kacheln geschmückt, aber natürlich ebenso heruntergekommen wie alles andere auch. Wer sich in der Nähe eines Tors aufhält, kann das Leben der Stadt ein- und ausströmen sehen: eine Reihe von Kamelen, eine Schar Esel, ein paar Fußgänger, einige verschleierte Frauen, ein oder zwei Autos, mehrere Fahrradfahrer – denn in Persien fährt jeder Rad, fällt aber meist in dem Moment herunter, in dem er ein anderes Fahrzeug auf sich zukommen sieht. Es ist ziemlich aufschlußreich, ein paar Stunden in der Nähe eines Stadttors zu verbringen. Man bekommt einen deutlichen Eindruck von dem bäuerlichen Leben östlicher Länder, wo der Mensch noch unlösbar mit seinen Tieren verbunden ist, was hier in Persien ganz besonders ausgeprägt ist, da der Automobilverkehr noch neu ist, es keine Eisenbahnen gibt und alles auf dem Rücken von Lasttieren transportiert werden muß. Die Kamele treffen nach sechs, acht oder zehn Wochen langer Reise mit Kisten und Bündeln aus Bagdad ein; sie bringen Benzin aus dem Süden, und es ist seltsam, die englischen Worte HIGHLY INFLAMMABLE auf den Kanistern zu lesen; dann kommen die Esel herein, winzige graue Tiere, fast unsichtbar unter ihren enormen Lasten, wenn da nicht vier arme dünne Beinchen wären, die unten herausschauen; als nächstes kommt eine Herde brauner und schwarzer Schafe, deren harte, kleine Hufe auf dem Kies klappern wie dicke Regentropfen; dann eine Herde Gänse, die von einem Kind getrieben wird; schließlich ein Mann mit zwei Hühnern auf dem Arm. Immer wieder ist mir aufgefallen, wie viele Perser Hühner durch die Straßen tragen. Warum sie das tun, ist mir ein Rätsel, das ich niemals habe ergründen können. Sie gehen die Straße hinunter, ein Huhn unter jedem Arm, wie ein Kind, das liebevoll ein paar Welpen spazierenträgt. Auch das Geflügel selbst legt in diesem Land eine besondere Mentalität an den Tag: An so gut wie jeder Straßenecke hockt ein Mann neben einem Messingtablett, auf dem neben ein paar Dutzend Eiern mindestens zwei Hennen sitzen, ohne zu picken oder davonzuflattern, wie man das von englischen Hennen kennt. Selbst die am dichtesten bevölkerte Ecke des Basars kann sie nicht aus ihrer Ruhe bringen. Auf anderen Tabletts sitzt eine Brut junger Rebhühner ebenso ruhig wie die Hennen. Es kann weiß Gott keine Tierliebe sein, die zu dieser ruhigen Zufriedenheit führt. Persien ist kein Ort für Tierfreunde. Ja, ich hätte lieber einem Stierkampf beigewohnt als einige der Szenen gesehen, die ich in diesem Land ertragen mußte. An die Skelette gewöhnt man sich ziemlich rasch. Das ist gar nichts. Ein Skelett ist eine saubere Sache. Auch an den Anblick von Tieren, die schon längere Zeit tot sind, kann man sich gewöhnen: das tote Maultier oder Kamel am Wegesrand, an dem haarigen Fell und den glasigen Augen noch immer erkennbar, dem die Hunde des nächsten Dorfes die Eingeweide herauszerren, während die Geier auf eine noch schaurigere Mahlzeit warten. Auch dies nimmt man nach den ersten paar Tagen hin. Es ist erstaunlich, wie rasch die Sensibilität verkümmert. Man ist nur froh, daß das Tier endlich tot ist, nichts mehr empfindet. Denn es sind die lebenden Tiere, die echtes Grauen, Empörung und Mitleid erregen. Der lahme Schimmel, der sich eine endlose Straße hinunterquält, die Pferde, die es nicht schaffen, ihr Fuhrwerk zum Berggipfel hinaufzuziehen; im Grunde willig, aber völlig unterernährt und überlastet, zerren, stolpern und schwitzen sie mit verdrehtem Widerrist und eiternden Sprunggelenken. Der Esel, der unter seiner Last am Straßenrand zusammenbricht, verzweifelt kämpft, um wieder aufzustehen und sich eine weitere Meile vorwärts zu quälen. Warum sollten diese Tiere dem Menschen dienen, eifrig, mit wehmütiger Treue? Ich erinnere mich an viele andere Szenen, bringe es jedoch nicht über mich, sie ausführlich zu beschreiben. Dabei läßt sich nicht behaupten, daß diese Menschen grausam wären; sie sind nur unwissend. Davon bin ich fest überzeugt, denn die Perser sind von ihrem Wesen her sanft, kinderlieb und leicht zum Lachen zu bringen. Aber sie scheinen das Leid zu ignorieren, und das soll heißen: Sie sind kindlich und ungebildet. In Teheran ist es nichts Ungewöhnliches, einen Mann auf dem Gehsteig liegen zu sehen, der Blut spuckt oder vor Hunger stirbt, während die Passanten ungerührt an ihm vorübergehen. Und doch sind die Perser freigiebig zu ihren Bettlern; solange ein Mann die Kraft hat, aufrecht zu stehen und seine Hand auszustrecken, werden ihm Almosen zugesteckt. Es steht Ignoranz dahinter und ein Mangel an Phantasie, doch führt beides zu den gleichen Resultaten, aber wer sich geneigt fühlt, über diese Menschen zu schimpfen, tut gut daran, sich zu erinnern, daß er nicht als Lasttier in Persien geboren ist.

Es ist ein Unglück, daß dieses Land in Anbetracht der großen Entfernungen und des Mangels an anderen Transportmitteln von seinen Tieren so abhängig ist. So ist es ein Land voller Widersprüche; nichts kann die Kluft zwischen Mittelalter und zwanzigstem Jahrhundert überbrücken. Das Postsystem ist überholt und äußerst unzuverlässig, doch hören wir, wenn wir in Teheran vor unserem Radio sitzen, die Glockenschläge von Big Ben – wenn auch mit einer solchen zeitlichen Diskrepanz, daß Persien schon in dunkelster Nacht versunken ist, während London noch immer die Wärme eines lauen Juniabends genießt. Die Nachrichten erreichen uns direkt von Trafalgar Square, während gleichzeitig ein Kamel dreißig Tage braucht, um ein Bündel Waren von Teheran nach Mesched zu transportieren. Persien ist ein Land der Extreme – eines der wenigen Länder, in denen die relativ zu bewertenden Bequemlichkeiten des neunzehnten Jahrhunderts womöglich nie bekannt sein werden. Und so bieten alle Fragen des Transports jederzeit unerschöpflichen Gesprächsstoff. Ständig geht es darum, ob Soundso schon angekommen ist oder jemand anders losfahren kann; ob er am Mittwoch oder Donnerstag erwartet wird; ob die Post heute abend oder erst morgen früh ankommen oder sich gar um eine ganze Woche verspäten wird – all diese Spekulationen bilden einen integralen Bestandteil des täglichen Lebens. Ist die Straße nach Kasvin überflutet? Ist die Brücke zwischen Teheran und Kum wieder einmal fortgespült worden? Kommt jemand mit Neuigkeiten über die Straßenverhältnisse in die Stadt, werden diese an alle weitergegeben, die es interessieren könnte, und letztlich ist jeder aus irgendeinem Grund davon betroffen. Und so wird man Zeuge der skurrilen Situation, daß distinguierte Gentlemen und elegante Ladys sich in

Diskussionen über diese wahrhaft mittelalterlichen Schwierigkeiten verstricken. »Er ist im Schlamm in der Wüste steckengeblieben«, hört man da zum Beispiel, »man hat ihm ein Flugzeug entgegengeschickt, aber das konnte nicht landen.«

Und so sind wir Schnee und Überflutung ebenso ausgeliefert wie den unsicheren orientalischen Transportmethoden. Drei Kisten mit Wein, im Oktober aus England abgeschickt, sind im Mai noch immer nicht in Teheran eingetroffen. Zwar hat man vor zwei Monaten noch von ihnen gehört, sie sollen damals nur noch zweihundert Meilen von der Hauptstadt entfernt gewesen sein, aber wo sind sie jetzt? Niemand weiß es. Wahrscheinlich sind die Kamele irgendwo auf ein grünes Fleckchen gestoßen, und man hat sie erst einmal zum Weiden geschickt. Mit Sicherheit läßt sich nur sagen, daß man sie durch Hamadan ziehen sah; der Rest ist Schweigen. Und obgleich ich jedes Kamel, daß die Straßen hinuntergewankt kommt, mit Interesse beäuge, obgleich ich mir jedesmal den Hals verrenke, um die auf dem Kopf stehende Adresse auf den Kisten zu lesen, nehme ich dieses Schweigen mit philosophischer Gelassenheit hin und trinke statt dessen den bernsteinfarbenen Wein aus Schiraz. Immerhin kommt die Post regelmäßig alle vierzehn Tage, transportiert auf dem Dach eines schlammverspritzten Autos, von einem indischen Soldaten bewacht. Wenn die Autoscheinwerfer plötzlich die Straße und die weißen Stämme der Platanen erleuchten, bildet sich sofort ein Gedrängel; der Inhalt der Posttaschen wird auf einen Tisch gekippt und sortiert, und alle tragen gierig und eifersüchtig ihren Anteil an der Beute fort, wie die Eichhörnchen reife Nüsse in ihre unterirdischen Verstecke. Es fällt fast so schwer, in Persien an die Existenz Englands zu glauben, wie in England an die Existenz Persiens; und aus verschiedenen Briefen sich zusammenzureimen, wie es unseren Freunden tatsächlich geht, erinnert an ein Puzzle oder irgendein anderes Spiel:

Es macht Spaß und kann faszinieren, ist jedoch nur schwer im Zusammenhang mit irgendeinem realen Leben vorstellbar. Und doch hat es seinen Wert, denn es vermag dem Edelstein der Freundschaft eine neue Facette einzuschleifen. Mit unseren Freunden nur brieflich in Kontakt zu stehen, zeigt sie uns unter einem neuen Aspekt. Sie sind seltsam entrückt; Aussehen, Stimme, Gestik und Mimik können uns nicht ablenken oder irreführen. Wir haben es plötzlich mit dem Wesentlichen zu tun, unvollständig und fragmentarisch zwar, doch unverfälscht. Unter dieser Voraussetzung werden Briefe wirklich zu einem faszinierenden Spiel. Wir sind gezwungen, unsere Phantasie einzusetzen. Gelegentlich stoßen wir dabei auf Einzelheiten, die wir im Gedächtnis gespeichert haben, die uns jedoch bisher immer rätselhaft geblieben sind; plötzlich finden sie einen passenden Platz, und wir genießen den Triumph, trotz der weiten Entfernung eine so aufschlußreiche Entdeckung gemacht zu haben. Nach unserer Rückkehr wird unsere Freundschaft auf noch festeren Füßen stehen; die befürchtete Kluft zwischen ihrem und unserem Leben wird es nicht geben.

Dieses Vergnügen ist jedoch den Exilanten vorbehalten; wir können nicht hoffen, daß unsere Freunde in England, die mitten im vollen Leben stehen, genug Zeit haben, sich so ausführlich mit uns zu beschäftigen wie wir mit ihnen. Doch auch dies kann als eine Quelle der Befriedigung gelten, bringt es uns doch in die überlegene Position, neue Erkenntnisse gewonnen zu haben, während wir selbst unerforscht bleiben. Auf einem Felsen sitzend, von gelben Tulpen umgeben, schaue ich auf eine kleine Gazellenherde, die über die Ebene zieht, und verweile mit neuer gedanklicher Intensität bei meinen Freunden. Ich weiß sehr wohl, daß sie nicht an mich denken. Aber ich habe mich ihrer bemächtigt, sie sind nicht hier, können weder korrigieren noch widersprechen. Mag sein, daß die in aller Abgeschiedenheit vollzogene Zergliederung für sie ein wenig beunruhigend wäre – viel beunruhigender als geselliger Klatsch, der an sich schon schlimm genug ist und die meisten Menschen recht nervös macht. Zum Glück wissen sie jedoch nichts von dem, was ich hier treibe, und so kann ich mich nach Herzenslust mit ihnen amüsieren. Hell und scharf, wenn auch ziemlich winzig, beschwöre ich in der gnadenlosen Weite Persiens ihre Bilder herauf. Alle alten Denkmuster haben mich verlassen, so daß ich die alten Ideen mit neuen Augen sehen kann. Das Herz ist erneuert; der Wind hat die Spinnweben fortgeweht.

Eigentlich hatte ich gar nicht vor, über diese Dinge zu sprechen, als ich mich zu einem Spaziergang zum Stadttor entschloß; erst die allgegenwärtige Muße hat mich zur Weitschweifigkeit verführt. Hier gibt es keine Hast und keine Eile, es gibt nichts weiter zu tun, als dazusitzen und sich umzuschauen. Ich betrachte es nicht als Zeitverschwendung, in aller Ruhe die karge Pracht dieses Ortes in mich aufzunehmen; ganz bewußt lasse ich seine Farben in mich eindringen. Grob gesagt, ist die Ebene braun, die Berge sind blau oder weiß und die Gebirgsausläufer goldbraun oder violett. Doch was bedeuten diese Worte schon? Die Landschaft um mich herum ist zu Hunderten von Farbschattierungen fähig, die mit dem sich verändernden Licht über ihre Oberfläche gleiten und in einer Subtilität verschmelzen, die sich nicht mit Worten wiedergeben läßt. Das Licht ist hier ein lebendiges Wesen, so vielgestaltig wie das menschliche Temperament und ebenso schwer zu fassen. In einem Moment noch finster, im nächsten freundlich, im übernächsten sinnlich und zart. Und immer wirken diese Stimmungen großartig, asketisch, niemals sentimental. Die allgemeinen Formen und Ausprägungen sind immer da, unabhängig davon, welches Licht und welche Farben sich über sie legen. Das Weiche schmiegt sich dem Harten an – ganz so, wie es sein sollte. Die Eigenschaften des Lichts korrespondieren mit diesem Land der großen Entfernungen. Einhundert Meilen entfernte Berge sind mit all ihren Tälern und Klüften so klar zu sehen, daß man gar nicht glauben mag, daß sie so weit weg sind. Der Demawend, den siebzig Meilen von Teheran trennen, sieht aus, als hinge er förmlich über der Stadt und könne, um sie auszulöschen, jeden Augenblick seine toten vulkanischen Feuer wiederbeleben. Die Formen und Umrisse der Berge werden rasch vertraut; der Sporn, der in der Nähe von Karedj in die Ebene ragt, der weinrote Grat des Rhey oder der große weiße Rücken des Elbursgebirges, hinter dem sich die subtropischen Provinzen am Kaspischen Meer erstrecken. All ihre Konturen künden vom unermeßlichen Alter des Landes. Man hat nicht das Gefühl, daß sich hier – geologisch gesehen, vor gar nicht allzu langer Zeit – einmal ein Meer erstreckte. Nein, dieses Plateau gehört zu den ältesten Landschaften der Erde, und sein Alter ist ihm auch anzusehen. Es zeigt sich im zackigen Profil der ausgemergelten Felsen, die das Wetter in unzähligen Jahrhunderten abgetragen hat, bis es ihnen nichts mehr anhaben konnte, weil es sie bereits auf ihre Urform zurechtgestutzt hat, die sich nicht mehr weiter angreifen läßt. Nur das widerstandsfähige Gerippe ist übriggeblieben.

Einige klagen, diese Landschaft sei öde und trostlos. Das lebendige, abwechslungsreiche Licht straft diesen Vorwurf Lügen. Das Licht, die Weite und die sich stets verändernden Farben, die an das Erröten eines stolzen, empfindsamen Gesichts erinnern, beleben das Bild. Und wer sagt, diese Landschaft sei tot, hat nicht richtig hingeschaut, oder hat geschaut, aber nichts gesehen. Diese Landschaft ist voll von Leben, aber dieses Leben ist winzig, zerbrechlich und scheu, es entzieht sich allen groben Blicken. Man muß es genau beobachten, denn es verändert sich von Woche zu Woche, ja, manchmal sogar von Tag zu Tag: Ein Regenschauer bringt eine plötzliche Blüte winziger Anemonen hervor, ein Tag heiße Sonne läßt sie wieder verwelken; dafür läßt die Wärme kleine Schildkröten erwachen. Das öde Land regt sich. Um seine Lebendigkeit zu sehen, müssen wir in die Ferne schauen und auf die paar Quadratmeter direkt zu unseren Füßen, müssen also gleichzeitig kurz- und weitsichtig sein.

2

Vom ersten Moment an habe ich in Persien nach einem Garten Ausschau gehalten, bisher jedoch noch keinen gefunden. Und doch genießen die persischen Gärten einen großen Ruf. Hafis und Saadi sangen häufig (manchmal sogar ermüdend häufig) von Rosen. Und doch gibt es in der persischen Sprache kein eigenes Wort für Rosen; die Perser können bestenfalls von »roten Blumen« sprechen. Es muß also irgendwo ein Mißverständnis geben. Ich glaube allerdings, das Mißverständnis ist durch uns entstanden. Es verdankt seine Existenz der typisch englischen Eigenschaft, wie selbstverständlich davon auszugehen, daß überall, selbst in Zentralasien, alles so sein sollte, wie es in England ist, und zu murren, wenn es anders ist. »Gärten?« sagen wir und denken an Rasen und Blumenrabatten, was angesichts der hiesigen Verhältnisse völlig absurd ist. In diesem ausgedörrten Land gibt es keinen Rasen, und was die Blumenrabatten angeht, setzt ihre Existenz eine üppige Wohlgeformtheit voraus, die in Persien unvorstellbar ist. Hier ist alles trocken und unordentlich, zerbröckelt und verfallen – eine staubige Armut, die acht Monate des Jahres einer grausamen Sonne ausgesetzt ist. Und dennoch, es gibt Gärten in Persien.

Aber diese Gärten bestehen aus Bäumen, nicht aus Blumen; es sind grüne Wildnisse. Stellen Sie sich vor, Sie seien im heißesten Sommer vier Tage lang über eine Ebene geritten und dann zu einer Barriere aus schneebedeckten Bergen gekommen; Sie seien den Paß hinaufgeritten und hätten vom Gipfel eine zweite Ebene gesehen mit einer zweiten Bergkette in der Ferne, hundert Meilen entfernt; Sie hätten gewußt, hinter diesen Bergen liegt wieder eine Ebene, und dahinter noch eine und noch eine, Sie müßten noch tage-, ja, wochenlang weiterreiten, ohne Schatten, nur die gnadenlose Sonne über sich, und nichts als ausgebleichte Gebeine toter Tiere säumten Ihren Weg. Wenn Sie dann auf Bäume und sprudelndes Wasser stießen, würden Sie es einen Garten nennen. Es würden keine grellbunten Blumen sein, nach denen sich Ihre Augen sehnen, sondern grüne Höhlen voller Schatten, Teiche, in denen Goldfische schwimmen, und das Plätschern eines Bachs. Diese Bedeutung verbindet man mit dem Wort »Garten« in Persien, einem Land, in dem die lange, langsam dahinziehende Karawane eine Wirklichkeit des täglichen Lebens ist, keine romantische Vorstellung.

Und solche Gärten gibt es. Viele sind verlassen, so daß man sie nur mit den Grillen und Schildkröten teilen muß und in den langen Stunden des Nachmittags völlig ungestört bleibt. In einem solchen Garten schreibe ich. Er liegt an einem südlichen Abhang, am Fuß des schneebedeckten Elbursgebirges, mit weitem Blick über die Ebene. Ein Gewirr aus Bruyèreholz und grünem Salbei bedeckt den Boden, und hier und da belebt ein Judasbaum das Weiß der hohen Platanen mit seinen unglaublich roten Blüten. Eine rosa Wolke unten in einer Senke verrät die blühenden Pfirsichbäume. Und überall fließt Wasser, entweder in schmalen, wilden Rinnsalen oder in kleinen, blaugepflasterten Kanälen, die es zu dem zerborstenen Brunnen zwischen vier Zypressen leiten. Dort steht auch der kleine Pavillon, verfallen wie alles andere. Die Kacheln der Fassade sind herausgefallen und liegen zerbrochen auf der Terrasse. Menschen haben ihn gebaut, doch anscheinend nie repariert. Sie sind fortgezogen und haben es der Natur überlassen, ihr Werk in diese melancholische Schönheit zu verwandeln. Aber das stimmt nicht traurig, denn in diesem weiten, uralten Land denkt man nicht an den Menschen; er hat auf dieser Erde kaum einen Abdruck hinterlassen, selbst seine Dörfer aus braunem Lehm bleiben unsichtbar, bis man ganz nah vor ihnen steht, und wenn sie erst einmal verfallen sind, läßt sich nicht mehr sagen, ob sie vor fünf oder fünfhundert Jahren verlassen wurden. Nein, man denkt nur an die Zuflucht, die die verfallene Einfriedung gewährt. Endlich ist man nicht mehr das winzige Insekt, dazu verdammt, über gnadenlose Weiten dahinzukriechen.

Es liegt etwas enorm Befriedigendes in dem Kontrast zwischen Garten und Landschaft. Die Lehmmauern, die den Garten umgeben, bröckeln schon, und durch die Lücken sieht man die riesige, braune Ebene, durchkreuzt von drei hellen Straßen: in Richtung Osten die Straße nach Meshed und Samarkand, in Richtung Westen die Straße nach Bagdad, und in Richtung Süden die Straße nach Isfahan. Das Auge kann in die Weite schweifen oder auch auf den kleinen Traubenhyazinthen verweilen, die ganz in der Nähe stehen. Die asiatischen Hochebenen sind wunderschön, aber sie strahlen Kargheit und Strenge aus, und der Geist ist dankbar, sich zur Abwechslung Dingen von etwas begreifbarerer Größe zuwenden zu können. Der Garten ist ein Ort der spirituellen Gnade, ein Ort der Schatten. Die Ebenen sind einsam, aber der Garten ist bewohnt – nicht von Menschen, sondern von Vögeln, kleinen Tieren und niedrigen Pflanzen; von Wiedehopfen, die zwischen den Zweigen »huhu« rufen; von Eidechsen, die wie trockene Blätter rascheln; von winzigen meergrünen Irisblumen. Plötzlich erscheinen Gärten und Parks in England, wo das ganze Land umgrenzt, überschaubar und sicher ist, völlig überflüssig, und man beginnt zu verstehen, warum Saadi und Hafis ihre Gärten so ausführlich besangen. Wie ein kühler Wind am Ende eines heißen Tages, wie ein Brunnen in der Wüste, so sind die Gärten in Persien.

Auch die Eigentumsfrage spielt erfreulicherweise überhaupt keine Rolle. Ich nehme an, dieser Garten hat irgendwo einen Eigentümer, aber ich weiß nicht, wer es ist, und keiner kann es mir sagen. Niemand kommt und verbietet mir, sein Grundstück zu betreten. Vielleicht habe ich den Garten für mich, vielleicht muß ich ihn mit einem Bettler teilen, oder es kommt ein Schäfer, schaut seiner braun-schwarzen Herde beim Weiden zu und singt ein paar Takte des Liedes, das alle Perser zur Jahreswende, in den ersten drei Wochen des Frühjahrs, singen. Allen ist es freigestellt, zu kommen und den Garten zu genießen. Es gibt hier auch nichts zu stehlen außer den Blüten der Pfirsichbäume und keinen Schaden anzurichten, der nicht schon von der Natur und der Zeit angerichtet worden wäre. Ähnliches gilt für das gesamte Land. Es gibt nirgendwo Hinweise auf Gesetze, keine Schilder oder Meilensteine, um den Weg zu weisen; die Karawansereien stehen jedem offen, der seinen Tieren eine Ruhepause gönnen will; man kann jede der drei Straßen Hunderte von Meilen in jeder beliebigen Richtung bereisen, ohne einmal kontrolliert zu werden. Selbst die Verkehrsregeln haben hier nur symbolischen Wert; jeder fährt, so gut er kann. Wer es vorzieht, den Weg zu verlassen und übers offene Land zu fahren, kann dies jederzeit tun. Man erinnert sich – je nach Fortgang der eigenen Reise mit Verärgerung oder Sehnsucht – an die strenge Organisation europäischer Länder.

Die Schatten werden länger, und das intensive Licht des Sonnenuntergangs beginnt, sich über die Ebene auszubreiten. Die braune Erde verdunkelt sich in samtige gebrannte Umbra. Wie eine steigende Flut kriecht das Licht die Berge hinauf und färbt den roten Fels porphyrfarben. Hoch oben, über den Gipfeln des Elbursgebirges, thront der weiße Kegel des Demawend und leuchtet wie ein glühendes Stück Kohle; für zehn Minuten am Tag wird seine weiße Einsamkeit zum Leben erweckt. Kleine Eulen regen sich und beginnen, einander zuzurufen. Es ist Zeit, den Garten zu verlassen und in die Ebene zu ziehen, wo bereits blauer Rauch von den abendlichen Feuern aufsteigt und ein einziger Stern prophetisch im Westen steht.

3

Es gibt noch einen anderen verlassenen Palast mit einem ganz anderen Charakter, den ich sehr gern aufsuche. Er liegt auf einem kleinen, steilen Berg, der jäh aus der Ebene aufsteigt. Sein Gipfel wird völlig von baufälligen Gebäuden eingenommen, die ihn von weitem wie ein winziges Carcassone aussehen lassen. Das ist Doshan Tapeh – der Berg des Hasen. Er hat auch die Farbe eines Hasen, Felsen und Lehmbauten sind gleichermaßen blaßbraun und nehmen nur im Sonnenuntergang eine rötliche Färbung an. Hier gibt es keine Abgeschiedenheit. Der Palast hat zwar einen Garten, aber er liegt am Fuß des Berges, abgetrennt; es ist ein von Mauern umgebenes, symmetrisch mit Bäumen bepflanztes Rechteck, in dem Nasreddin Schah seine wilden Tiere hielt. Doch der Palast selbst – oder besser: seine Ruine – steht so nackt und bloß da wie die Felsen der umliegenden Berge. Die Aussicht von den zerbröckelten Arkaden ist großartig. Im Norden erstreckt sich die ganze Kette des Elbursgebirges; im Südosten spalten sich die Djarjarud-Berge dramatisch in die Meshed-Kluft, durchkreuzt von der großen Straße nach Meshed und Samarkand; im Süden und Westen liegt die offene Ebene, begrenzt nur von den fernen Bergen jenseits von Kasvin. Unten in der Ebene liegt Teheran, so flach und lehmfarben, daß es fast unsichtbar wäre, gäbe es nicht die blauen Rauchfäden, die ihm den Anschein eines Nomadencamps geben. Nie sah ich eine Hauptstadt, die, selbst hier in Persien, so wenig einer Hauptstadt ähnlich ist. Zum Teil mag es, wie ich vermute, daran liegen, daß sie von der Großartigkeit der umgebenden Landschaft erdrückt wird. Und doch ist Teheran ein großer, weitläufiger Ort mit ausgedehnten Basaren, die sich über mehrere Meilen erstrecken; zwar verwandeln sich diese gelegentlich in offene, von Lehmwänden begrenzte Gassen, verschwinden aber immer wieder unter gewölbten Tunneln, wie ein Tier, das sich in seinen Bau verkriecht.

Doshan Tapeh trägt noch immer Spuren seiner früheren Pracht. Es muß ein fröhlicher, koketter kleiner Pavillon gewesen sein mit seinen bunten Kacheln, Arkaden und Terrassen, luftig und erhaben, von Himmel und Bergen so großzügig umgeben. Doch die Decken der Räume sind eingefallen und liegen in staubigen Haufen aus Putz und Keramik auf dem Boden. Es ist überall die gleiche Geschichte.

Der Pfad, der zum Pavillon hinaufführt, ist so steil und gewunden, daß er sicherlich nie mit Kutschen befahren wurde. Wenn Nasreddin herkam – was sehr oft der Fall war, denn es war sein Lieblingsjagdschloß –, muß er an der Spitze seiner Kavalkade hier hinaufgeritten sein, die berühmten schwarzen Schnurrbartenden flatternd im Wind. Jetzt ist der Berghang voll von Salbei und wildem Lavendel mit großen rosa Blüten. Ich habe dort nie einen Hasen gesehen, nur ein Stachelschwein auf den Bergen hinter dem kleinen Kasr-i-Firouze, wo die wilden Tulpen wachsen. Die weißen duften süß, die gelben hingegen überhaupt nicht, haben aber ein wunderschönes, reines Butterblumengelb und eine herrlich scharfgeschnittene Form – wie ein von einem Zeichner aus früheren Zeiten entworfener, spitz zulaufender Pokal. Diese wilden Tulpen sind sehr launisch; man kann meilenweit gehen, ohne eine Spur von ihnen zu entdecken, dann ist plötzlich ein ganzer Abhang mit Blüten übersät, die sich im frischen

Wind wiegen und in der Sonne glänzen. Nichts ist herrlicher als die natürlichen Steingärten auf diesen Berghängen, obwohl die begrenzte Vielfalt der Blumen, um ganz ehrlich zu sein, enttäuschend ist. Sie machen es jedoch auf andere Weise wett – nicht zuletzt durch ihr Geschick, sich genial in Szene zu setzen. Schon wenn dies ganz offensichtlich geschieht, indem sie zwischen den Steinen auf schmalen Felsvorsprüngen blühen, vermag uns dies zu entzücken; geschieht es jedoch auf paradoxe Weise, indem sich die Blumen in einer Spalte oder unter einem hervorstehenden Felsen verbergen, sind sie wahrhaft verführerisch, ja geradezu unwiderstehlich. Man lernt rasch die Eigenheiten aller Blumen kennen, wie die Eigenheiten guter Freunde. Ich weiß, daß ich unten in der Wüste die winzigen, roten und violetten Mohnblumen und die kleinen scharlachroten Ranunkeln finde – versetzte man sie in eine nahrhaftere Erde, würden sie vielleicht größer. Wenn ich höher steige, treffe ich auf die Tulpen, die Abhänge und Klippen lieben – mit welchem Recht! Denn der abschüssige Boden bringt ihre aufrechte Haltung viel besser zur Geltung als der flache Grund. Als erste kommt die hier heimische *Iris persica*, die sowohl in hohen als auch tiefen Lagen wächst, meist zu zweit, wie ein Ehepaar, die eine grünlich-weiß, die andere bläulich-weiß, ein paar Meter voneinander entfernt; gelegentlich findet man aber auch eine ganze Familie von sechs oder acht, manchmal eine Dreiergruppe. Die gelben, stark duftenden Scillae sind überall zu finden. Büsche und Sträucher interessieren mich weniger, denn ich liebe kleine und zarte Blumen – wie alle Gärtner, die sich, wenn ihr Unterscheidungsvermögen wächst, mit Vorliebe dem Mikroskopischen zuwenden. Aber auch die Sträucher verdienen Erwähnung, denn sie sind alle angenehm grau und aromatisch. Einen dornigen Busch, der im Frühling mit blaßrosa oder kirschrosa Blüten bedeckt ist, habe ich nicht bestimmen können. Jemand hat mir erzählt, die Perser würden ihn

Schneeblume nennen, doch da er auch in anderen Dingen Unrecht hatte, fürchte ich, diese Information könnte unzuverlässig sein. Auf jeden Fall ist es ein sehr hübsches Gewächs, das zu einem kugelrunden, etwa einen Meter hohen Busch heranwächst, der, wenn er blüht, aussieht wie ein grellrosa Schwamm. Er wächst selbst noch auf dem felsigsten Boden, ist vom Wasser offenbar völlig unabhängig. Ich wünschte, ich wäre Botanikerin und keine reine Dilettantin. Aber wünsche ich mir das allen Ernstes? Ich bin mir nicht sicher, ob der pure Genuß wirklich schwindet, wenn das theoretische Wissen wächst. Ich bin versucht, es auf die Probe zu stellen und Botanik zu studieren, bis ich Scrophulariaceae von Caryophyllaceae unterscheiden kann, doch die Angst, die unbefangene Freude der Unwissenden zu verlieren, ist allzu groß. Nur wenige Vergnügungen verkraften tiefschürfende Nachforschungen; sie bekommen Druckstellen, wie zarte Früchte, die man zu grob anfaßt. Es ist besser, nicht zuviel zu wissen. Ich könnte diese launischen Nachstellungen auf die Blumen eines persischen Frühlings gar nicht mehr genießen als jetzt, und es macht mir nicht das geringste aus, wenn ein Tag nichts Neues bringt, denn es gibt immer die Hoffnung auf das, was hinter der nächsten Ecke oder hinter der nächsten Bergkuppe wächst. Allein das Tal, in dem ich zum ersten Mal die wilde Mandel entdeckt habe, eine Schlucht, die mitten ins Herz des Berges hineinzuführen schien, voll von Blüten und sprudelndem Wasser, war eine Belohnung für viele Mühen. So wird man vorwärtsgetrieben, über meilenweites Land ebenso wie durch dicke Stapel Papier, und es gibt immer noch einen weiteren Berg zu besteigen und einen weiteren Satz zu schreiben, und keinen Grund, je zum Ende zu kommen, solange es noch etwas zu entdecken gibt. Ich weiß nicht, wie ich so weit von Doshan Tapeh abschweifen konnte, und von Nasreddin, der den Pfad zu seinem Jagdschloß emporritt, in dem jetzt nur noch ein Raum vollständig ist, dessen leere Fenster auf die nördlichen Berge zeigen und dessen Wände mit Bildern aus den *Illustrated London News* von 1860 ausgekleidet sind.

4

Persien ist ein Land, das zum Umherschweifen einlädt; es gibt soviel Raum, nirgends sind Grenzen, und die Zeit wird nur durch die Sonne angezeigt. Doch man schweift nicht nur durch das offene Land, sondern auch durch die Basare, die die Europäer so gut wie nie betreten und die sie meist nur in verächtlichem Tonfall erwähnen. Die Europäer tun gern so, als lebten sie noch immer in Europa. Jedes europäische Haus ist eine kleine Festung, und wenn sie das eine Haus verlassen, um zu einem anderen zu eilen, tun sie dies mit geschlossenen Augen. Wenn sie schon einmal von Persien sprechen, dann stets im Duktus der Klage – als seien sie Märtyrer, die nur deshalb hier sind, weil sie zur Buße ihrer Sünden dazu verurteilt wurden. Es gibt Ausnahmen, aber das ist die Regel. Ohne Zweifel gibt es viel Ärgerliches in Persien: Es ist ärgerlich, eine zerbrochene Jalousie nicht repariert zu bekommen oder keine Glasscheibe kaufen zu können, in der nicht mindestens eine dicke Blase sitzt; es ist ärgerlich, den Unbilden der Natur in Form von Schnee, Überflutung und Schlamm ausgesetzt zu sein, so daß das Reisen behindert, die Post verspätet und die Verständigung mit der Außenwelt jederzeit unterbrochen sein kann; es ist ärgerlich, den allgemeinen Verfall und die Verschwendung zu sehen; es ist ärgerlich, von Korruption und Unterschlagung zu hören; doch Asien ist nicht Europa, und jedes Land hält andere Gaben bereit. Resignation ist die wichtigste Voraussetzung, will man nicht in einem Zustand ständiger Wut leben. Hat man die aus Europa mitgebrachten, vorgefaßten Meinungen erst einmal über Bord geworfen, sieht man das Land mit völlig neuen Augen.

Aber die Europäer machen lieber weiter mit ihren Teepartys, ihren Kartenspielen und endlosen Spekulationen, warum dieser oder jener sich gestern nicht in diesem oder jenem Haus hat blicken lassen. Wie absonderlich und wie verblüffend ist doch dieses System gesellschaftlicher Beziehungen! Diese Menschen sind keine Freunde; sie genießen die Gesellschaft der anderen nicht; es gibt keine Vertrautheit, keine Aufrichtigkeit zwischen ihnen. Mehr noch, keine äußere Instanz verdammt sie zu dieser Tretmühle. Warum, frage ich im Namen der menschlichen Freiheit, begeben sie sich dann immer wieder freiwillig hinein und treten unablässig auf der Stelle, bis sie eines Tages in ihre Gräber sinken? Die Frage übersteigt mein Fassungsvermögen. Ich gebe auf, trete beiseite, beobachte und staune. Denn mir persönlich sind die Basare viel lieber als die Salons. Nicht, daß ich mir einbilden würde, dort das »Leben des Volkes« zu sehen. Keinem Fremden ist dies je gelungen, obwohl manche eine Menge Unsinn darüber verzapfen. Aber ich sehe mich gern um. Es ist ein harmloses Vergnügen, und ich belästige niemanden damit. In den Basaren Teherans nimmt man von Fremden kaum Notiz – kein Vergleich mit dem Aufruhr, den ein Derwisch am Piccadilly Circus erregen würde! Selbst die Geschäftsinhaber zeigen keinerlei Eifer, ihre Waren zu verkaufen. Man kann stehenbleiben und in aller Ruhe ein Bündel Seide bewundern, auf andere Waren zeigen und diskutieren, ohne die »Kaufen Sie! Kaufen Sie«-Schreie zu hören, mit denen man in Kairo oder Konstantinopel bombardiert wird. Ob dies von der natürlichen Apathie der Perser herrührt oder von der Tatsache, daß sie so selten Touristen sehen und noch nicht gelernt haben, ihnen das Geld aus der Tasche zu ziehen, vermag ich nicht zu sagen. In Kairo zerren einen die rivalisierenden Händler am Ärmel und rufen: »Dies bester Laden. Nächste Tür nix gut.« Die persischen Ladenbesitzer schauen einen nur unter schweren Augenlidern schläfrig an.

Die Basare sind gewölbt und schattig; sie werden von einzelnen Sonnenstrahlen in ein Helldunkel getaucht, das an die Rembrandtschen Gemälde erinnert. Von kleinen Läden gesäumt, erstrecken sie sich über mehrere Meilen. Man kann unmöglich sagen, manche Läden seien größer als andere; leichter fällt es, einige als kleiner zu beschreiben. Diese kleinen Marktstände sind nicht größer als Wohnzimmerschränke, bloße Nischen in der Wand. In diesen Nischen hocken Schuhverkäufer mit einer Unzahl weißer, blau besohlter Segeltuchschuhe oder Altkleiderhändler, die mit ihren hennagefärbten Bärten und grünen Turbanen gut zu ihrer bunten Lumpensammlung passen. Es gibt Läden, die nur Zaumzeug verkaufen: bunte Quasten, gestreifte Futtersäcke, Glocken, dunkelrote Zügel und Sättel. Andere Basare sind einem einzigen Handwerk vorbehalten. Es gibt eine Straße der Lederhandwerker, in der es eher ruhig zugeht, oder eine Straße der Kupferschmiede, in der es so laut ist, als würde eine ganze Armee auf möglichst lautstarke Gongschläge trainiert; die ganze Straße glänzt und blitzt wie die riesigen Kupfertabletts, die wie Schilde an den Wänden hängen, und die Regale sind vollgepackt mit Silberkrügen in der herrlichen traditionellen Form, wie man sie von Miniaturen aus dem sechzehnten Jahrhundert kennt. Sehr robust und maskulin wirkt der rote Kupfer, glänzend und feminin das blasse Silber, wie eine elegante Paradiesblume geformt.

Doch am besten von allen gefallen mir die graubraunen Läden, in denen Getreide verkauft wird, denn ihre Farbgebung ist prosaisch und harmonisch zugleich. Messingwaagen glänzen zwischen den spitz zulaufenden Getreidehaufen; braun, ocker, beige, naturfarben, Bindfäden und Säcke, und dunkelhäutige Männer, die den Weizen in hölzerne Meßbecher schöpfen. Der Osten ist für mich nicht mit knallig bunten Farben, sondern vor allem mit der Farbe Braun verbunden: Erde und dunkle Haut, die Farbe des Alters. Wie düster sind zum Beispiel die Basare; eine Reihe von Kamelen zieht vorbei, beladen mit braunen Bündeln; ein Esel trägt grünes Gemüse in dunklen Körben, eine kleine Öllampe leuchtet auf seinem Rücken, macht aus seiner Last einen Altar, der uns an das Opfer Abels erinnert.

Dunkelheit ist der vorherrschende Eindruck in diesem gewölbten Labyrinth – Dunkelheit, von plötzlichen Lichtbalken unterbrochen. Den runden Löchern in der Decke entsprechen die runden Lichtflecken auf dem Boden. Und diese Dunkelheit prägt die gesamte Atmosphäre des Ortes; es entsteht der Eindruck eines undurchsichtigen, sich massenhaft vermehrenden Lebens, das in unbekannten Geschäften hin- und hereilt. Fremde, grobe Gesichter huschen vorbei; hinter den unvermeidlichen Schleiern geheimnisvoll verborgen, feilschen Frauen um Brot. Doch all diese Menschen, die vordergründig mit praktischen Aufgaben beschäftigt sind, haben ihr Leben, ihre Überzeugungen, ihr Glaubensbekenntnis, ihren Fanatismus. Hier entstehen die berühmten Basargerüchte: Die Männer, die in den Cafés hocken, rauchen und über Politik reden, lassen selbst die außergewöhnlichsten Legenden glaubwürdig erscheinen: Die Russen haben ein Armeekorps an die Grenze des Kaukasus verlegt, die Engländer haben eine Verschwörung gegen den Schah angezettelt... All dies geht von Mund zu Mund. Die Perser, die zum größten Teil nicht lesen können, sind noch immer große Geschichtenerzähler, und Geschichten, die aktuelle Ereignisse betreffen, sind bei ihnen besonders beliebt. Aber man hört und sieht nicht, wie dies alles vor sich geht. Man ist wie erschlagen von der Dunkelheit. Und irgendwann stellt man sich vor, diese getrennt dahineilenden Menschen könnten sich plötzlich zu einer Menge verdichten, die, durch ein gemeinsames Ziel geeint, energisch vorwärtsdrängt, und die gleiche Entschlossenheit brennt in all diesen dunklen Augen.

Diese Gedanken sind mit Sicherheit eine Auswirkung der eigenen Fremdheit; es ist nichts wirklich Bedrohliches an diesen Menschen. Doch ein Leben, von dem man nichts weiß und von dem man nur die Oberfläche sieht, legt etwas Mystisches und Unterschwelliges nahe. Man selbst ist da ungeschickt, wo sie sich mit großer Vertrautheit bewegen. Für uns sind sie anonym, doch füreinander haben sie Namen, kennen die Väter der anderen, und sie sind durch die vielfältigsten Beziehungen miteinander verwoben. Die Tür dort drüben führt in das Haus von Hussein, dem Lederhändler, und in der nächsten Straße wohnt sein Bruder; ihre Häuser stehen Rücken an Rücken, und am Abend treffen sich ihre Frauen, um auf den flachen Lehmdächern den neuesten Klatsch auszutauschen. (Die Geschichte von David, Uriah und Bathseba gewinnt in dieser Umgebung an Plausibilität.) Eigenartig, daß man sich in einem fremden Land, und ganz besonders im Osten, so sehr für die gewöhnlichen Menschen interessiert; zu Hause spekuliert man (außer zu ernsteren Zwecken) selten über die Geheimnisse der Slums. Und was man von einer fremden Sprache als erstes aufschnappt, sind die Ausdrücke von Taxifahrern, Trägern und Ladenbesitzern – als ob ein asiatischer Gentleman, der England bereist, sich damit rühmen könnte, herumzuschreien wie ein Zeitungsjunge. Wenn ich mit dem Auto durch die Straßen Teherans fahre, bin ich eher versucht, mit den Maultiertreibern *Havar dar!* zu schreien, als die Hupe zu benutzen. Dem gleichen Instinkt entspringt die ärgerliche Angewohnheit vieler Autoren, in ihre Texte eine Unzahl fremdländischer Worte einzuflechten, die dann meist auch noch falsch geschrieben sind oder in falscher Verbindung stehen wie *le footing, le streughel-feur-lifeur* oder die abstrusen Namen englischer Helden und Heldinnen in französischen Romanen wie Sir

Coglowox und Lady Nonatten. Es muß eine Art Snobismus dahinterstecken, ein Verlangen, dazuzugehören, so zu tun, als sei man in der anderen Kultur zu Hause; in den allermeisten Fällen geht der Versuch jedoch gründlich daneben. Fast habe ich den Verdacht, daß ich durch meine Vorliebe für die Basare in die gleiche Falle tappe, und ich frage mich, ob ich einen Fremden, der mir von seiner Begeisterung für den Markt in Smithfield erzählt, nicht erstaunt anschauen würde. In Teheran hat man noch nicht einmal die Entschuldigung, nach Kunstwerken Ausschau gehalten zu haben, denn die Läden sind sehr bescheiden, auf die Notwendigkeiten des täglichen Lebens beschränkt. Es gibt einen blaßblauen Laden mit Silbertabletts an den Wänden und riesigen blau lasierten Schüsseln, in denen sich »mast« befindet, eine Art geronnene Milch, in der ein kleiner, weißgekleideter Junge mit einem langen Löffel rührt; der ganze Laden wirkt so blaß und kühl, daß man, schaut man aus dem dunklen Basar hinein, das Gefühl hat, in das milchige Fenster eines Aquariums zu sehen. Die Brotläden befinden sich nicht in Nischen, sondern sind einfach ein Teil der Wand; über mehrere Stufen sind Lagen des braunen Brots ausgebreitet, wie ein Läufer, der eine Treppe bedeckt; man kauft das Brot nach Gewicht und trägt es über den Arm geworfen wie eine Reisedecke.

Die Basare stecken voller Überraschungen: An einer Stelle ist es ein Schwert, das bis zum Heft in der Wand steckt; es sei Rustems Schwert, sagen die Perser, denn Rustem ist ihr Lieblingsheld. An anderer Stelle ist es ein offener, von großen Bäumen beschatteter Hof, wo man für ein paar Münzen alle Arten von Trödel kaufen kann. Die im Schachbrettmuster auf dem Boden ausgelegte Ware reicht von alten Sardinenbüchsen bis zu Silberkesseln, die von russischen Flüchtlingen verpfändet wurden. Nichts kundet tragischer von der russischen Katastrophe als diese Beweisstücke, hier eine alte Grammophonplatte, dort ein Paar hoher, kleinfüßiger Stiefel mit angeschraubten Schlittschuhen; sie künden nicht nur von der akuten Not, sondern auch vom einstmals fröhlichen Leben ihrer ehemaligen Besitzer; jede theoretische Sympathie mit Lenin verblaßt angesichts dieses menschlichen, persönlichen Opfers auf dem Altar einer erzwungenen Brüderlichkeit. Rußland scheint sehr nahe. Ja, in Asien scheinen alle Länder einander näher zu sein als die Länder Europas, trotz der enormen Entfernungen. Hier in Persien kann man die Augen nicht vor der Tatsache verschließen, daß China, Rußland, Turkestan, Arabien das Land umgeben, so weit sie auch entfernt sein mögen, jedes in seine Art von Dunkelheit versunken. Vielleicht liegt es auch daran, daß alle möglichen Vagabunden aus den Nachbarregionen ihren Weg in die persischen Basare finden; das Land ihrer Herkunft offenbart sich schon in ihren fremdartigen Kleidern – dem Burnus der Araber, dem gegürteten Hemd der Russen, den zotteligen Pelzmützen der Turkmenen –, anders als bei den Europäern, die sich, wenn überhaupt, nur durch ihren Teint voneinander unterscheiden. Im offenen Innenhof der Basare, dem »Grünen Feld«, wie man es hier nennt, drängeln sich die verschiedensten Nationalitäten und wühlen an den Trödelständen nach dem Bruchstück eines Schatzes, einer Schnalle oder einem Kragenknopf, während die Verkäufer sie mit glanzlosen Augen betrachten, weniger darauf erpicht, etwas zu verkaufen, als darum besorgt, daß etwas gestohlen wird.

So ein sprunghaftes Leben führe ich, und das Leben in England fällt immer mehr von mir ab, bleibt nur noch als Bild, wie in einem Zauberspiegel, kleine Einzeleindrücke, die ich genau durchdenke und dabei lerne ich mehr als jemals zuvor. Tatsächlich führe ich zwei Leben – eine ziemlich unfaire Begünstigung. Hier das Dach der Welt, bedeckt von gelben Tulpen, das dunkle, brodelnde Gewirr der Basare, dort das geschrumpfte, weit entfernte England. Und was bin ich? Wo bin ich? Wo ist mein

Herz, im einen Moment heimwehkrank, im nächsten voll von überschäumender Begeisterung? Doch zumindest lebe ich, fühle ich, ertrage die Qualen von Beständigkeit und Unbeständigkeit. Es ist besser, lebendig und empfindungsfähig zu sein als tot und unbeweglich. »Laßt uns«, sagte ich, als wir aus den Basaren kamen, »möglichst bald nach Isfahan fahren.«

Nach Isfahan

1

Kinglake, der ein sehr aufmerksamer Reisender gewesen ist, wenn seine Schilderungen auch hin und wieder ein wenig zu farbenprächtig ausgefallen sein mögen (was allerdings der Mode seiner Zeit entsprach), machte eine ausgezeichnete Beobachtung über das Reisen in den Osten. Seine Route führte ihn damals, in der Mitte des neunzehnten Jahrhunderts, durch Serbien, für die damalige Zeit ein höchst exotisches Reiseziel. »Die reine Fortbewegung von einem Ort zum anderen«, schrieb er, »ist in europäisierten Ländern eine sich en passant ereignende Angelegenheit – sie nimmt einen so kleinen Teil der gesamten Reisezeit in Anspruch, daß der Geist des Reisenden unstet bleibt, solange die Räder sich drehen. Er mag für äußere Reize ebenso empfänglich sein wie für jene Fülle von Gedanken, die häufig durch die Aufregung einer sich verändernden Umgebung verursacht wird, doch ist er sich stets bewußt, daß der Zustand, in dem er sich befindet, nur vorübergehend ist, und seine Gedanken wandern unweigerlich zum erwarteten Ende seiner Reise. Seine gewohnte Denkweise ist aufgehoben, doch ehe sich noch irgendwelche neuen Gewohnheiten formen können, ist der Reisende schon in seinem bequemen Hotelzimmer untergebracht. Ganz anders ist es, wenn man im Osten unterwegs ist. Tag für Tag, vielleicht aber auch Woche für Woche oder gar Monat für Monat stecken die Füße in den Steigbügeln. Den kalten Atem des frühen Morgens zu spüren und die eigene Kavalkade bis zum Sonnenuntergang durch Wälder und über Bergpässe, durch Täler und trostlose Ebenen anzuführen oder ihr zu folgen – all das wird zur eigenen Lebensweise, und man reitet, ißt, trinkt und verflucht die Moskitos ebenso regelmäßig, wie die in England zurückgebliebenen Freunde essen, trinken und schlafen. Weise handelt, wer den langen Zeitraum, der mit der eigentlichen Fortbewegung angefüllt ist, nicht nur als Kluft versteht, die ihn vom Ziel seiner Reise trennt, sondern als eine jener raren, eindrücklichen Phasen im Leben, auf die man später vielleicht die Formung des eigenen Charakters, der eigenen Identität zurückdatiert. Wer dies einmal am eigenen Leibe spürte, wird bald glücklich und zufrieden auf seinem Heimweg im Sattel sitzen.«

Wie recht Kinglake doch hatte! Ebenso recht wie an anderer Stelle, als er von der »Überprüfung der Worte des Poeten durch Landkarte und Kompaß« sprach. Erst als ich selbst am eigenen Leibe erfahren hatte, was er beschrieb, habe ich die volle Bedeutung seiner Worte begriffen. So wie man manchmal, indem man mit eigener Hand eine Passage aus einem Buch abschreibt, im langsamen, ausführlichen Schreibprozeß erst den eigentlichen Wert der Worte abzuwägen und aus einem zunächst als oberflächliche Phrase empfundenen Satz die tiefere Bedeutung einer wohlüberlegten Aussage herauszuziehen vermag, kann man eine bestimmte Lebensweise erst dann wirklich verstehen, wenn man selbst voll und ganz in dieses Leben eintaucht. Zwar brauchte ich mich nicht wie Kinglake auf Steigbügel und Sattel einzurichten, sondern nur auf den Fahrersitz eines Ford; doch selbst bei dieser vertrauten Methode wurden typische Erfordernisse des Reisens im Osten zu einem Teil meiner selbst. Schon am Ende des ersten Tages gehörte es zu meinen instinktiven Bewegungen, den Kopf zu drehen und nachzuschauen, ob die festgezurrten Benzinkanister noch nicht heruntergerutscht waren und ob die Segeltuchtaschen, die unser Bettzeug enthielten, auf der Schräge über dem Schutzblech noch einen ausreichend sicheren Halt hatten. Jedes Utensil hatte seinen festen Platz: Die emaillierte Waschschüssel lag unter meinen Füßen neben Kupplung und Bremse, das große Schaffell, zuerst undankbar auf dem Rücksitz verstaut, kam bestens zum Einsatz, als der Wind über die zugigen Pässe pfiff. Es ist erstaunlich, wieviel Gepäck sich in einem Auto unterbringen läßt, vorausgesetzt man weiß, wie man es am günstigsten verstaut, und wenn man sich nicht um den Lack scheren muß. Das Beispiel der Perser lehrt einen in dieser Hinsicht einiges, behandeln sie ihre Autos doch genauso wie ihre Lasttiere. Seit Generationen sind sie daran gewöhnt, ihren Kamelen und Eseln die verschiedensten Güter aufzubürden und erst aufzuhören, wenn die Beine der Tiere tatsächlich zu schwanken beginnen. Mit ihren neuen, schnelleren Lasttieren halten sie es nicht anders: Sie hören erst mit dem Beladen auf, wenn die Federn quietschen und die Reifen flachgedrückt sind. Auf der Straße begegnet man seltsamen Gefährten, die der durchschnittliche englische Fahrer kaum als Automobil anerkennen würde. Die bemitleidenswerten, kleinen Wagen verschwinden fast unter den riesigen Ballen, die auf beiden Seiten weit über die Kotflügel hinausragen. Doch als wäre dies noch nicht genug, drängen sich acht oder neun Menschen in einem Ford, der für fünf gebaut wurde; sie hocken auf den Ballen wie Spatzen auf einer Heumiete, kauern selbst noch auf der Motorhaube und schrecken auch nicht davor zurück, rittlings auf dem Kühler Platz zu nehmen. Und selbst in diesem vollbepackten Zustand kann es vorkommen, daß ein Fußgänger dem Auto fröhlich zuwinkt, es anhält und den Fahrer bittet, ihn mitzunehmen; eine solche Bitte wird niemals abgeschlagen, der neue Fahrgast klettert hinauf und klammert sich irgendwo fest, und das unförmige Gefährt setzt seine Reise fort; bald hat es, ohne Rücksicht auf Schlaglöcher und Gräben, wieder seine Höchstgeschwindigkeit erreicht.

Wir selbst reisten auf persische Art, unabhängig von Speise und – zur Not – auch von Unterkunft, denn wir hatten Feldbetten und Decken, Proviantbeutel und Wasserflaschen dabei. Dieser Umstand verschaffte uns ein sehr angenehmes Gefühl der Freiheit, alle Geziertheit und Kleinlichkeit des normalen Lebens und aller unnötige Besitz fielen von uns ab. Es war tatsächlich eine jener »raren, eindrücklichen Phasen im Leben«, nicht durch die Dauer der Zeit bestimmt – denn wir waren nur vier Tage und Nächte unterwegs –, sondern durch eine Klärung des Geistes, die Veränderung materieller Werte, eine innere Befreiung.

2

Eigentlich hatten wir vorgehabt, drei Tage früher loszufahren, aber plötzlicher Schneefall hielt uns auf. Soviel Schnee, versicherte man uns, hatte es im April noch nie gegeben, und die Auswirkungen waren in der Tat sehr eigenartig: Iris, Glyzinien, Flieder, Rosen beugten sich in voller Blüte unter der schweren, weißen Last. Eine Jahreszeit griff in die andere ein, der Winter in den Frühling. Das Elbursgebirge, dessen Schneedecke am Gipfel rasch zusammengeschrumpft war, erschien eines Morgens plötzlich wieder ganz in Weiß, und die von dunklen Streifen durchzogenen unteren Abhänge des Demawend boten wieder eine glatte, weiße Oberfläche. Solche starken Schneefälle waren mit Überflutungen verbunden, denn der Schnee schmolz meist so rasch, wie er gekommen war. Reisende aus Isfahan berichteten von überfluteten Straßen. Sie waren die ganze Nacht durchgefahren und um vier Uhr morgens angekommen, verkühlt und durchnäßt, halb tot vor Angst und Erschöpfung. Sie rieten uns, die Reise zu verschieben. Verzögerungen und vereitelte Reisepläne durch plötzliche Launen der Natur waren in Persien zu sehr an der Tagesordnung, um anders zu reagieren als mit Resignation. Wir warteten zwei Tage, bis die Schneedecke auf den Bergen schrumpfte und die Erde wieder braun war.

Wir verließen Teheran im Morgengrauen – die Straßen noch frisch nach der Arbeit der Wassermänner, die in ihrer wenig durchdachten, aber hochwirksamen Art den Inhalt aus Krügen, Eimern und Kochtöpfen, den sie zuvor aus dem Rinnstein geschöpft hatten, quer über die Straße schütteten – und kamen bald nach Kum, wo die große, goldene Moschee herrlich über einem Feld mit jungem Weizen glänzte. Wir hatten beinahe einhundert Meilen fremdartigen, trostlosen Landes durchfahren. Seltsame geologische Formationen hatten die Landschaft in eine Art Totenwelt-Kulisse verwandelt. So könnte es auf dem Mond aussehen, dachte ich, denn die Landschaft war völlig ohne Leben – abgesehen von blauen Eichelhähern, blau-orange gefärbten Bienenspechten und ein paar braunen Geiern mit der für diese Vögel typischen Flugtechnik, die dicht über dem Boden so linkisch wirkt und hoch in der Luft so edel. Wir hatten gerade wieder einmal die Erfahrung gemacht, über einen Bergkamm zu kommen und auf eine weitere Ebene hinunterzuschauen, nur war in diesem Fall die Ebene von jenen seltsamen Felsen durchsetzt, die scheinbar in Bataillonen auf uns zurückten wie die Träume eines verrückten Malers, nicht schön, sondern fremdartig und unberechenbar. Sie gaben der Phantasie Raum für wilde Vergleiche. Im einen Moment sah es so aus, als käme ein Regiment riesiger Schildkröten auf uns zu, unter ihren Panzern böse Pläne aushecken; dann wieder hatte man das Gefühl, von mörderischen, in ihrer Aufstellung erstarrten Kriegsmaschinen bedroht zu werden. An manchen Stellen wurde das monotone Braun von einer purpurroten Klippe durchzogen, an anderen Stellen hatte es häßliche, türkis-grüne Flecken, als hätte jemand die Felsen mit einer gefährlichen Chemikalie besprüht.

Dann verließen wir diese Region, erreichten den nächsten Bergkamm und sahen unter uns den Salzsee, schimmernd wie ein Opal, milchig und weit; unschuldig, als wüßte er nichts von den vielen Karawanen, die von seinem Treibsand verschluckt worden sind. Seit der Oase von Schah Abdul Azim und den Sümpfen von Hassanabad hatten wir kaum eine menschliche Ansiedlung gesehen, bis wir nach Kum kamen, wo der Weizen sproß und die Moschee sich auf der anderen Seite des Flusses aus den Feldern erhob. Aber wir konnten nicht in Kum haltmachen, sondern mußten weitereilen, nachdem wir uns an der Schönheit der großen, goldenen Kuppel, die so gerundet über den braunen Dächern und der grünen Fruchtbarkeit der Felder stand, satt gesehen hatten. Wir fuhren weiter, und die Landschaft veränderte sich. Wir waren jetzt auf dem Hochplateau, und die Berge wurden schroffer. Auf den Gipfeln lag wieder Schnee, und tiefe blaue Schatten durchschnitten die Flanken. Erneut waren wir auf das Dach Asiens gestiegen, wo sich uns jetzt ein sowohl vertrautes als auch unvertrautes Schauspiel bot: Der Kegel des Demawend, in Teheran ein täglicher Gefährte, hatte seinen Platz als ein Berg unter anderen Bergen eingenommen; hier aber, aus einer Entfernung von über hundert Meilen gesehen, überragte er seine Gefährten so sehr, daß wir, als wir ihn entdeckten, ungläubig in die Ferne starrten. Er war so weit entfernt und doch so riesig und hoch, daß wir erst dachten, eine Wolke habe seine Konturen nachgeäfft. Als dann später die Sonne sank, war der untere Teil durch einen Lichteffekt abgeschnitten, so daß wir nur noch den Kegel sahen, fern, glatt und weiß, von der Abendsonne rosa gefärbt – eine rötliche Insel, die im blauen Himmel trieb. Noch lange Zeit glühte er hinter uns wie ein rotes Leuchtfeuer im Norden, bis die Dunkelheit kam und er still und rätselhaft verschwand.

Bald gab es in unserer unmittelbaren Umgebung so viel zu sehen, daß wir uns nicht mehr die Hälse verrenken mußten, um den Demawend wie einen roten Flamingo über den Himmel fliegen zu sehen, denn der Sonnenuntergang geizte auch auf unserem hohen, einsamen Plateau nicht mit seiner Schönheit. Hier war es wirklich einsam; wir hatten in der ganzen Zeit nur einen Schäfer mit seiner Herde vorbeiziehen und einen einzelnen Reiter auf dem Weg in irgendein Bergdorf die Ebene überqueren sehen. Von diesen raren, seit undenklichen Zeiten unveränderten Anzeichen menschlicher Existenz einmal abgesehen, hatten sich solche Sonnenuntergänge völlig unbemerkt ergossen, seit dieser uralte Teil der Erde sich nach den urzeitlichen Erschütterungen gehärtet und seine endgültige Form angenommen hatte. Wir erlebten nur einen Augenblick dieser unermeßlichen Fülle; und doch bricht die Morgendämmerung über den asiatischen Höhen schon an, wenn England noch im Schlaf liegt, und der Sonnenuntergang färbt die kargen Berge, wenn in England noch die volle Betriebsamkeit des Nachmittags herrscht. Um drei Uhr kann ich an die Berge denken, die im Osten rot und im Westen blau werden, in einer Einsamkeit, die sich seit der Zeit, in der die Erde noch unbevölkert gewesen ist, nicht verändert hat.

Eine Stunde nach Einbruch der Dunkelheit kamen wir nach Dilijan, einem Dorf, von dem wir schon befürchtet hatten, es existiere nur auf der Landkarte und sonst nirgends. Wir bogen von der Straße ab und fuhren, auf der Suche nach dem Haus des Dorfoberhaupts, an hohen Lehmwänden entlang durch enge Gassen. Der Mond war inzwischen aufgegangen und schuf ein lebendiges Wechselspiel von lichten Flecken und tiefen Schatten. Das Dorf wirkte so labyrinthisch und geheimnisvoll wie eine von hohen Mauern umgebene, mittelalterliche Stadt. Einige Männer liefen vor uns her, um uns den Weg zu zeigen, und hielten dann vor einem gewölbten Eingang an; es war das Haus ihres Oberhaupts, wo wir ein Zimmer für die Nacht bekommen sollten. Das mehr oder weniger baufällige Haus war nach dem Muster aller persischen Häuser um einen Innenhof erbaut; ein See aus Mondlicht breitete sich in der Mitte des Hofes aus, und in einer dunklen Ecke kauerten weibliche Gestalten um ein offenes Kohlenfeuer. Das Zimmer, das man uns zuwies, war schlicht und sauber, weiß getüncht und hatte drei Bogenfenster zur Hofseite hin. Es enthielt keinerlei Möbel, nur eine Reihe von Lampen und Teekannen, die in den Nischen standen. Wir nahmen vor den Fenstern Platz, rauchten und schwiegen; eine lange Reise durch Raum und Zeit schien zwischen dem Mondlicht dieses abgeschiedenen persischen Dorfes und der Morgendämmerung bei unserer Abreise aus Teheran zu liegen. Wenn man mit der Bahn fährt, entsteht keine Vertrautheit mit dem Land, durch das man reist – jedenfalls nicht die Vertrautheit, die sich zwangsläufig ergibt, wenn man einer Straße Meile für Meile folgt, anhält, sobald ein paar Blumen am Straßenrand die Aufmerksamkeit erregen, wenig später wieder anhält, um im Schatten eines Felsens zu essen und zu trinken, auf dem Boden sitzt und die Geier kreisen oder die Insekten krabbeln sieht, einen Hasen aus seiner Kuhle aufschreckt und sich einen bedeutenden Augenblick lang mit einem abgelegenen, unberührten Flecken Erde identifiziert, der ein eigenes Leben hat und den man aller Wahrscheinlichkeit nach niemals wiedersehen wird.

3

Am nächsten Morgen waren die Seen und Schatten des Mondlichts verschwunden, doch Seen und Schatten des Sonnenlichts, strahlender und nicht weniger intensiv, hatten ihren Platz eingenommen. Die Frauen saßen im Innenhof und waren damit beschäftigt, Wolle zu spinnen. Rote und gelbe Wollstränge hingen unter den Torbögen;

tiefrote Tücher um die Köpfe gebunden, hockten die Frauen auf den Stufen einer Treppe und drehten mit geübten Händen ihre Spindeln. Ich machte ein Foto von ihnen; sie bedrängten mich und wollten unbedingt das Ergebnis sehen, und so mußte ich ihnen erklären, daß sie mindestens drei Wochen warten müßten, ehe der Postwagen ihnen die Bilder brächte. Sie wirkten enttäuscht und nicht allzu zuversichtlich, die versprochenen Fotos jemals in Händen zu halten; doch ob sie eher mir oder – weitaus begründeter – dem Postwagen mißtrauten, wußte ich nicht zu sagen.

Wir gingen hinaus, spazierten zwischen den hohen, braunen Wänden die gewundenen Gassen des Dorfes entlang und fanden uns, als wir um eine Ecke bogen, plötzlich auf der Ebene wieder. Von hier aus wirkte das Dorf mit seinem dunkel in die fensterlose Mauer geschnittenen Tor und mehreren kleinen Türmen wie eine mittelalterliche Festung. Alles war braun und blau; braune Ebene, braunes Dorf, blauer Himmel und in der Ferne blaue, an den Gipfeln blau-weiß schimmernde Berge. Doch wir waren nicht allein; vor der Mauer gingen sechs oder acht junge Frauen mit ihren Spinnrocken auf und ab und spannten ihre Wolle um hölzerne Pflöcke; sie schlangen die Stränge im Vorübergehen innen und außen um die Pflöcke und drückten sie mit einem gezinkten Stock herunter, so daß das Ganze aussah wie ein überdimensioniertes Fadenspiel. Was sie mit ihrer Arbeit bezweckten, konnte ich mir nicht erklären, denn es ging gewiß nicht darum, die Wolle zu entwirren, und nachdem sie abgewickelt und auf die Pflöcke gespannt war, blieb den Frauen bestimmt nichts anderes übrig, als sie wieder aufzuwickeln. Das sollte jedoch ihre Sorge sein; ich hörte auf, mir über den Sinn ihrer Arbeit Gedanken zu machen, und genoß den angenehmen, überraschenden Anblick, den sie uns boten. Dieser Anblick war sehr befriedigend, zeugte er doch von einer friedvollen, schlichten Arbeit, die sich ganz natürlich einpaßte in die Beschäftigung der Männer mit ihren groben Pflügen und ländlich müßigen Tagen. Sie strahlte eine große Ruhe und Gelassenheit aus, diese einfache, kleine Gemeinschaft, die ein wenig Weizen anbaute, Schafe und Ziegen züchtete, deren Fleisch aß, deren Häute zu Leder verarbeitete und deren Haare zu Kleidern und Decken verwebte. Sie wirkte so selbstgenügsam, so weit von den niederen Triebkräften moderner Industrie entfernt. Und so kam uns alles, als wir am frühen Morgen dort außerhalb der Mauern von Dilijan standen, wie eine Rückkehr in eine weniger abgenutzte Welt vor, die – die Existenz eines Arztes und eines Apothekers vorausgesetzt – mit Recht als ideal bezeichnet werden konnte. Und da ich entschlossen war, meine Aufmerksamkeit in Persien nur auf das äußere Erscheinungsbild zu richten und körperliche Krankheit und politische Korruption zu ignorieren, weil beide nicht in meine Zuständigkeit fallen und ich ohnehin nichts tun kann, um sie zu lindern, war diese Welt für mein Gefühl tatsächlich ideal, auch wenn dies von einer oberflächlichen Betrachtungsweise zeugen könnte.

Die Ebene links und rechts der Straße von Dilijan war dicht mit Alfodill bewachsen, der jedoch ebenso abrupt aufhörte, wie er begonnen hatte – typisch für den fleckigen Pflanzenwuchs in Persien. Keine sichtbare Veränderung kann diese Launenhaftigkeit der Pflanzen erklären, doch ist es immer wieder das gleiche: Entweder sie wachsen an einer bestimmten Stelle oder sie wachsen dort nicht, und damit hat es ein Ende. Auch Königskerzen, die eigentlich feuchte Böden lieben, hatten sich auf dieser trockenen Ebene ausgebreitet, damit allerdings eine schlechte Wahl getroffen, denn sie sahen so verhungert und staubig aus, als würden sie lange vor ihrer Blüte verwelken. Wir befanden uns auf dem hohen Tafelland, in einer Höhe von etwa zweitausend Metern, so daß der Schnee auf den zackigen Gipfeln der Berge, die unsere Ebene begrenzten, liegenblieb, auch wenn sie unbedeutend höher lagen als unsere Straße. Diese Landschaft, darin stimmten wir überein, als wir die endlose, holprige Straße weiterfuhren, gab uns mehr als alles andere das Gefühl, in Zentralasien zu sein. Sich so hoch über dem Meeresspiegel zu befinden, daß man zwar die Kraft der Sonne spürt, die Schneegrenze jedoch nur wenige Meter höher liegt; Luft von unvergleichlicher Reinheit zu atmen; das Gefühl zu haben, auf einem Dach zu stehen; hinter der nahen Bergkette eine weitere, noch blauere Bergkette zu entdecken – so muß es in Tibet sein oder in Pamir. Und diese gewaltige, einsame Landschaft hatten wir ganz für uns, Meile für Meile, Ebene für Ebene. Denn jedesmal, wenn wir eine der niedrigen Paßhöhen erklommen hatten, blickten wir auf eine neue Ebene, ebenso weit und ausgedehnt wie die, die wir gerade hinter uns gelassen hatten. Wie mühsam, dieses Land zu durchreiten, da jeder dieser Blicke für ein Pferd eine Tagesreise bedeutete! Doch es wäre falsch zu denken, die Reise sei monoton gewesen, denn gelegentlich trafen wir auf eine kleine, grüne Oase, sahen das strahlende Grün jungen Weizens, aufrechte Pappeln mit knospenden Blättern und ein paar Lehmhäuser; dann wieder führte uns die Straße in eine schreckliche Schlucht, ein dunkles Inferno; doch immer wieder öffnete sich der Blick, wir sahen Ebenen und Berge und die lange, schnurgerade Straße zwanzig, dreißig Meilen vor uns liegen.

Und obgleich die Ebenen Wüsten waren, waren sie voller Wasser, denn immer wieder sahen wir, wenn auch nur in der Ferne, große Seen mit schilfigen Rändern, in deren glitzernder Oberfläche sich schneebedeckte Berggipfel spiegelten. Manchmal erhoben sich die Berge auch als Inseln aus den Seen, so fantastisch wie die Landschaften Leonardos, felsig und von tiefem Blau. Ein andermal sah es so aus, als läge ein See direkt vor uns, quer über der Straße, und schnitte den unteren Teil der Berge ab, so daß sie wie wesenlos auf dem Wasser trieben; wenn wir näherkamen, schrumpften sie, bis sie schließlich verschwanden, wie das Licht einer ausgeblasenen Kerze, um kurz darauf wieder zu erscheinen und sich aus einem kleinen, formlosen Zittern im Herzen der Luftspiegelung zu ihrer eigentlichen felsigen Form zu erheben. Noch immer entrückt und ätherisch, verbanden sie sich jedoch mit ihren Gefährten, bis schließlich wieder eine geschlossene Kette von Bergen die Ebene begrenzte. Dann wieder lag der See zur Linken oder zur Rechten, breitete sich friedvoll am Fuße eines Berges aus, spiegelte Gipfel und Himmel mit beunruhigender Überzeugung wider, so daß wir das Gefühl hatten, eine Meeresküste zu sehen, deren Wasser den Rand eines sagenhaften Bergreichs umspülten, dessen blaugezackte Gipfel, so schien es, auf dem Nichts ruhten, im Luxus wundervoller Unwirklichkeit schwelgend. Vor unseren Augen wurde eine mythische Welt erschaffen, in der Materie und Illusion eine romantische Verbindung eingingen, die um so romantischer war, weil sie sich nie wieder genau so wiederholen würde; nie wieder würde es genau die gleiche Verzerrung, die gleiche Verbindung von Nebel und Licht, Verheimlichung und Offenbarung geben. Es war eine flüchtige Welt der stets sich verändernden Formen. Sie verhieß magische Schluchten und Höhlen, Wasserbecken und Lagunen, von Nymphen und Ungeheuern, Schimären, Drachen und anderen Fabelwesen bewohnt; eine Welt der Grotten und dunklen Tiefen, der zweifach täuschenden Spiegelbilder, da es weder den Spiegel noch das Bild wirklich gab; eine Welt, die wir, und nur wir, sehen konnten, die sich vor unseren Augen ständig wandelte, verschwand und wiedererschaffen wurde. Es gibt ein Bild in Venedig – von Bellini, glaube ich –, auf dem die in einem Boot sitzende Venus von Cherubinen begleitet wird, die sie im grünen Wasser umschwimmen, und dahinter steigt eine blaue Landschaft auf, die in ein eigentümlich düsteres, unheimliches Tageslicht getaucht ist, vielleicht das Licht unter Wasser, eher aber das Licht wassergefüllter Grotten; eine solche Welt mit so einem Licht sahen wir vor uns, ohne jemals hoffen zu können, sie zu erreichen, in ihre bezaubernden Festen einzudringen oder gar in den trügerischen Spiegel zu schauen, der uns vielleicht, wie die berühmten Spiegel im Märchen, ferne Ereignisse oder das Gesicht eines geliebten Menschen offenbart hätte. Sicherlich muß es in einem solchen Wüstenland Legenden geben, die denen, die in die Wasser einer Luftspiegelung schauen, ein Bild verheißen, das allen anderen Augen verborgen bleibt. Die zugleich wasserlosen und wasserreichen Ebenen sind sicherlich hervorragende Brutstätten für den Aberglauben. Auch andere Phänomene sahen wir: Staubdämone, die nicht weit von uns entfernt wie Djinns in einer Säule erstanden und fortwirbelten, nicht der Richtung des Windes folgend, sondern in der entgegengesetzten Richtung davoneilend, als folgten sie ihrem eigenen Willen, unabhängig vom leichter faßbaren Willen der Natur.

An diesem Tag fanden wir nirgendwo ein Fleckchen Schatten, also nahmen wir unser Mittagessen in einer verfallenen Karawanserei ein. Die bröckeligen Bögen rahmten für uns die Berggipfel und den blauen Himmel. Wir stiegen wieder ein, und nach weiteren zwei Stunden Fahrt, bei denen uns wahre Schwärme von Schmetterlingen begleiteten, deren kleine Schatten im Staub neben der Straße tanzten, sahen wir von einer niedrigen Paßhöhe aus in der Ferne zwei von Grün umgebene blaue Kuppeln aufragen. Die Straße wurde weich und sandig, so daß sich der letzte Teil unserer Reise am längsten hinzuziehen schien. Endlich erreichten wir die Schlafmohn- und Melonenfelder und kamen an Bauern vorbei, die auf den Feldern arbeiteten oder ihre Esel auf die Stadt zutrieben, und ehe wir uns versahen, waren wir auch schon von Mauern umgeben und fuhren durch eine überfüllte Straße, an deren Ende sich der Meidan von Isfahan befand.

4

Es zeugt von Unbesonnenheit, nach Isfahan zu fahren. Klüger handelt, wer die Städte mit wohlklingenden Namen der rein geistigen Pilgerschaft vorbehält. »Weder in Bokhara noch in Samarkand noch in Balkh...«, singt der persische Poet, der, wie Milton und Marlowe und nicht wenige andere Dichter, eine Schwäche für romantische Namen hegt. Wer allerdings nach Isfahan fährt, gerät nicht in Gefahr, enttäuscht zu werden; denn die Stadt am Fuße ihrer Berge im Herzen Persiens wird ihrem Namen heute noch so gerecht wie in den Zeiten Hadschi Babas, dessen Abenteuer man auf jeden Fall bei sich tragen sollte. Alle Gestalten aus Moriers Geschichte begegnen einem hier in den Straßen: der Schreiber, der Bettler, der Wasserverkäufer, die weißverschleierte Frau, der Händler, der durch die Straßen reitet, seinen Lehrjungen hinter sich auf dem Sattel. Auf dem Meidan saß ein Derwisch auf dem Boden und erzählte der Menge eine Geschichte; mit aufgesperrten Mündern hockten die Menschen im Kreis um ihn herum; es fielen ihnen fast die Augen aus dem Kopf, während sich der heilige Mann angesichts der Heldentaten, von denen er erzählte – denn in persischen Geschichten geht es meist um Heldentaten, und Firdausis Königsepos ist ihre Lieblingserzählung – in einen Zustand der Raserei versetzte. Mit seinem langen Bart, dem hohen Hut, den orangefarbenen Fingernägeln und den grimmigen kleinen Augen in dem behaarten Gesicht wirkte er in der Tat wild und inspiriert, so als hätte er die letzten fünfhundert Jahre damit verbracht, seine Geschichte zu erzählen, und sei jetzt endlich dabei, auf den Höhepunkt zuzusteuern. Es war Abend; auf dem Meidan waren sonst nur wenig Menschen; nur ein paar Müßiggänger schlenderten vorbei, Männer in langen Gewändern, deren Säume bei jedem Schritt kleine Staubwolken aufwirbelten. Sie wandelten gemessenen Schrittes vorbei, wie Mönche in einem

Kloster, die Hände hinter dem Rücken gefaltet, die Köpfe gebeugt, in ernste Gespräche vertieft. Am einen Ende des weitläufigen Meidan erhoben sich der blaue Torbogen und die türkisfarbene Kuppel der Moschee, am anderen Ende klaffte der Eingang zu den dunklen Basaren: Religion und Gier waren eng benachbart. Fanatismus, Tauschhandel, Dämmerung und der Geschichtenerzähler – alles drängte sich in dieser östlichen Stadt zusammen. Der anmutige kleine Ali Carpi auf halbem Weg wirkte wie eine Blume in der Dunkelheit. Ich konnte nicht glauben, daß ich in Isfahan war; es kam mir zu unwahrscheinlich vor. »Die Turniere werden in Aspramont oder Montalban ausgefochten...« Da waren sie, die steinernen Torpfosten, ganz in der Nähe des Eingangs zu den Basaren; denn der Meidan war einmal ein Polofeld gewesen. Da war der Derwisch und steigerte sich immer mehr in die Abenteuer seiner Helden hinein; ein Reiter hatte angehalten und saß mit angezogenen Zügeln lauschend im Sattel; er trug eine lange, aufrechte Lanze bei sich, die am Steigbügel befestigt war. Jemand hatte ein Kohlenfeuer entzündet, das seltsame Schatten schuf und ein unruhiges Licht auf das Gesicht des Derwisch warf. Seine kehlige Stimme löste sich wie in Ekstase von seinen Lippen, und er gestikulierte mit beiden Händen wild in der Luft. Doch um uns herum, in dem Zwielicht, das diese Insel aus Licht und Raserei umgab, lag der Meidan da wie ein friedlicher See, schmal, langgestreckt, eben. Im Eingang zu den Basaren brannte eine einsame Laterne, wies den Weg in jenes verworrene, unergründliche Labyrinth.

5

Am nächsten Tag stieg ich auf das Dach des Ali Carpi und schaute sehnsüchtig über die Dächer der Stadt hinweg in Richtung Süden, wo sich die Straße nach Schiraz und Persepolis zwischen Berghängen und Schluchten verlor. In jenem April hatte ich keine Zeit, nach Schiraz und Persepolis zu reisen, doch war dieses Vergnügen nur verschoben: Im nächsten Jahr würde ich es nachholen können. Also schaute ich sehnsüchtig, aber ohne Bitterkeit, und wandte mich dann zum zerklüfteten Bakhtiari-Gebirge um, das ich ebenfalls im nächsten Jahr überqueren würde, und zwar zu Fuß, nur von ein paar Maultieren für mein Zelt und mein Gepäck begleitet. Diese Aussicht verschaffte mir ein angenehmes Gefühl der Vorfreude. Ich war auch froh darüber, daß ich noch einmal nach Isfahan kommen würde, denn es ist sehr schmerzlich, sich selbst sagen zu müssen: »Diesen Ort werde ich niemals wiedersehen.« Mit jemandem, der einem Ort instinktiv soviel Bedeutung beimißt, muß jedoch etwas nicht stimmen, schalt ich mich selbst; es verrät eine geistige Oberflächlichkeit, eine zu materialistische Einstellung. Hatte ich nicht gehofft, mich zu befreien, indem ich mich von meinen Wurzeln losriß? Und nun war ich schon wieder gefesselt, diesmal durch die Liebe zu Persien. Schlimmer noch – denn meine Liebe zu Persien wäre jedem verständlich und einsichtig erschienen –, ich hatte schon die ganze Zeit über leichte Gewissensbisse verspürt. Selbst in Indien wollte ich jede Straße, die ich sah, erkunden, und es gab mir jedesmal einen kleinen Stich, wenn ich mir klarmachen mußte, daß ich diese Straße niemals wiedersehen würde. Diese kurzen, aber häufigen Liebesattacken ließen bei mir ernsthafte Befürchtungen entstehen, eigentlich sollten solche inneren Vibrationen dem Kontakt mit menschlichen Wesen vorbehalten sein. Es konnte doch nicht angehen, daß die Natur mehr Macht besaß als meine

Mitmenschen, wenn es darum ging, meine Seele zu rühren. Diese Veranlagung mag einen guten Reisenden kennzeichnen, gleichzeitig doch aber sicherlich auch einen schlechten Freund? Die äußere Welt war mir zu wichtig, meine Begeisterung war zu schmerzlich und zu lebhaft, und doch wurde mir klar, während ich nachdenklich über die Dächer von Isfahan schaute, daß es kein wirksames Gegenmittel geben konnte: Die zerklüfteten Berge und die Straße nach Schiraz griffen mein Herz an wie eine spitze Lanze. Ich war ein Opfer, und ich konnte mir selbst ebenso wenig entfliehen wie jeder andere Mensch, der zum Sklaven seiner Neigungen wird – nur, daß es sich bei mir um eine Neigung handelte, für die ich wenig Mitgefühl oder Verständnis erwarten konnte: eine Absurdität, eine Übertreibung. Es wäre wohl besser gewesen, diese Gedanken für mich zu behalten – doch in einem Buch, das von meiner Schwäche handelt, wäre das ziemlich schwierig gewesen.

Der Ali Carpi zitterte unter meinen Füßen; erst dachte ich, ein Erdbeben mache Isfahan in einer großartigen Staubwolke dem Erdboden gleich, doch bald erkannte ich, daß das Zittern bloß auf die Baufälligkeit des alten Gebäudes zurückzuführen war. Ich blieb also, wo ich war, und schaute in die Halle der Vierzig Säulen hinunter, die, von Schirmpalmen gesäumt, rechteckig am Fuß des kleinen Palastes auslief. Ich konnte auch auf den Meidan hinuntersehen, wo winzige Gestalten herumspazierten und eine Kutsche, klein wie ein Spielzeug, von wirbelndem Staub gefolgt, den Platz überquerte. Fast sah ich auch in den Innenhof der Moschee, dieses allen Ungläubigen verbotene Heiligtum. Wer von einem hochgelegenen Aussichtspunkt auf die Dächer einer Stadt hinunterschauen kann, gewinnt eine völlig neue Sicht der Dinge; scheinbar Verworrenes wird überschaubar, und neue Rahmen ergeben kleine, in sich vollständige Bilder, wie durch die Vignetten mittelalterlicher Bilder; so sah ich zwischen den blauen Kuppeln eine Gruppe brauner Häuser und dahinter die Umrisse der Berge; und durch die Spitzbogen eines Fensters erblickte ich einen runden Ausschnitt der blauen Kuppel, die plötzlich aussah wie eine riesige Weltkarte, auf der die Kontinente und Meere durch Flecken wiedergegeben wurden, dort wo die Ziegel heruntergefallen waren. Das Dach des Ali Carpi bot Müßiggängern viel, und als ich aus jener luftigen Einsamkeit wieder herunterstieg, hatte ich das Gefühl, in eine Welt zurückzukehren, die ich listig übervorteilt hatte, um mit ihr eine verstohlene, fast unehrenhafte Bekanntschaft zu schließen.

6

Hoch auf ihrem Gerüst in einem dunklen, weißgetünchten Gebäude des Basars spulten die Teppichweber ihre Spindeln. Sie saßen mit baumelnden Beinen fast sieben Meter über der Erde und spannten Kette und Schuß. Wie Schwalben auf einem Telegraphendraht hockten sie in einer Reihe und webten mit flinken, geübten Händen. Kleine Jungen mit runden Kaschmirkappen und junge Männer in blauem Leinen – eine lange Reihe von Rücken und gekreuzten Füßen in spitzen, weißen Segeltuchschuhen. Und während sie webten, schwatzten sie, zupften an der bunten Wolle, klopften die Knoten fest und beugten sich vor, um nach einem neuen Strang zu angeln. Als sich die Augen an die Dunkelheit gewöhnt hatten, trat das üppige, blau-rote Muster des Teppichs hervor; wie ein halb gelebtes Leben war die untere Hälfte des Teppichs klar zu erkennen; die obere Hälfte war nackt, die braunen Kettfäden warteten noch auf die täglichen paar Zentimeter des neuen Musters. Feine Streifen aus Sonnenlicht durchzogen den Raum, fielen durch Löcher in der Decke und zitterten in Kreisen auf dem Boden. In einer Ecke stand ein großer hölzerner Rahmen, eine grobe, primitive Vorrichtung aus Stützen, Walzen und Rollen, von Schnüren durchzogen; davor hockten drei Frauen, wahre Schicksalsgöttinnen, und spulten die Wolle auf Rocken. Die schweren Wollstränge hingen wie Bündel reifer Früchte herunter, rot wie Granatäpfel, gelb wie Zitronen, blau wie Trauben. Die Frauen wiegten sich im Rhythmus der Rocken; ihre rauhen Finger glitten über die Fäden, lösten sie aus ihrem Strang und spulten sie auf die konischen Rocken. Sie schauten auf uns und lächelten: Das hier konnten sie besser als die sonst so überlegenen Ausländer. Ihr ganzes Leben lang (so nehme ich an) hatten sie tagein, tagaus das Kratzen der Wolle zwischen ihren Fingern gefühlt, bis diese körperliche Empfindung ihnen schließlich völlig vertraut war, zu ihnen gehörte, sie auch noch in dem wirren Dämmerzustand zwischen Schlafen und Wachen begleitete. Doch selbst, wenn sie meine Gedanken hätten erahnen können, sie hätten nicht mehr darauf gegeben als die Töpfer in Ägypten, denn ihr Leben ist hart und voller praktischer Probleme, da bleibt keine Zeit für jene feineren Nuancen, an denen sich der Müßiggänger erfreut. Das traditionelle Teppichweberhandwerk ist ebenso unverändert geblieben wie das Zimmermannshandwerk, die Schmiedekunst, das Pressen des Weins. Schwerfällige, mühsame Arbeitsprozesse kennzeichnen diese uralten Gewerbe, die jedoch von einem Geist beseelt sind, der bequemeren Arbeitsweisen fehlt. Die persische Kunst des Teppichwebens ist nicht tot. Sie blüht nicht nur in Isfahan; auch in den Zelten der Nomaden weben die Frauen nach den traditionellen Mustern ihrer Stämme; sie weben für den eigenen Gebrauch wie für die Märkte und halten so die überlieferten Kenntnisse lebendig, auf den Bergweiden wie am Lagerfeuer. Doch wie viele Menschen in England würdigen den Teppich, auf den sie treten, überhaupt eines intelligenten Blickes? Wie viele

Menschen, die in aller Ruhe ein Gemälde betrachten oder einen Stuhl sorgfältig prüfen, nehmen es ebenso genau, wenn es sich um einen Teppich handelt? Und doch ist ein Teppich ein Kunstwerk, das selbst den einfachen Geschmack zufriedenstellen kann; er ist kein müßiges Beiwerk, sondern eine Notwendigkeit, und befriedigt überdies durch die Symmetrie seines Entwurfs die menschliche Vorliebe für ein sich wiederholendes Muster. Er bietet den Augen ein buntes Fresko und dem Körper Wärme und Polsterung. Trotz all dieser Vorzüge wird er nur selten gewürdigt, und selbst bei jenen, die sich darauf verstehen, kann es vorkommen, daß sie ihn schlecht behandeln und an eine Wand hängen, was für einen Teppich nicht der richtige Ort ist.

Während ich den Webern zuschaute und diesen Gedanken nachhing, wurde ich wütend, und noch wütender, als ich mich an den heruntergekommenen Geschmack der Perser selbst erinnerte, die trotz ihrer bedeutenden Tradition einen Teppich wie ein Bild behandelten – nicht nur, indem sie ihn an die Wand hängten, sondern auch, indem sie tatsächlich bildliche Szenen darstellten, Kämpfe zwischen Bogenschützen etwa, oder Engel, die über einem Orangenhain schweben. Diese Erzeugnisse schätzen sie sehr, zeigen sie, mit der Freude aller Orientalen am Einfallsreichtum, stolz herum. Ich erinnerte mich daran, daß es vor dem Krieg in Konstantinopel, als durch dieses Nadelöhr alle Waren aus Asien auf die europäischen Märkte flossen, möglich gewesen ist, den ganzen Nachmittag in einem Geschäft zu verbringen, während unzählige Teppiche, einer immer schöner als der andere, vor einem ausgerollt wurden, dunkle, verblichene Meisterwerke, die Schätze des alten Isfahan. Obgleich nichts Neues den Platz des Alten eingenommen hat – wobei die traditionellen Muster auf unendliche Weise miteinander kombiniert werden können –, und obgleich sich die Weber in den Zelten und Dörfern instinktiv an der Sicherheit gewährenden

Tradition orientieren, mißachten die Europäer die uralte Kunst, und die reicheren Perser korrumpieren die Teppichweberei nach Leibeskräften. Nicht die Arbeiter allein sind in die Irre gegangen. Handwerker können eigentlich gar nicht in die Irre gehen. Was mit der Hand geschaffen wurde, entstanden ist in einem innigen Austausch zwischen Schöpfung und Schöpfer, ist von einem eigenen Leben beseelt – solange keine Besserwisser kommen, um sich einzumischen. Ungehalten trat ich hinaus in die Sonne.

7

Doch bei weitem das Schönste, was ich in Isfahan gesehen habe, eines jener Dinge, dessen Schönheit nachhallt wie eine unvergeßliche Melodie, war der Madrasseh. Er ist eine Art Schule, eine Schule der Nachdenklichkeit, der Reflexion, des spirituellen Rückzugs; eine Schule, in der man lernt, allein zu sein. Er ist eine Art Kloster, doch nicht im architektonischen, sondern im psychologischen Sinne; ein Ort des Rückzugs und der Harmonie, der allen offensteht. Hier kann sich jeder geben, wie er will, kann sitzen, stehen oder auf- und abschreiten, kann das Wasser betrachten, kann kommen oder gehen, unbemerkt, ungefragt, in jener Unabhängigkeit und Freiheit, die nur wenige Gemeinschaften verstehen oder zu gewähren bereit sind. Hier darf man einsam sein, ohne sich über die Einsamkeit Gedanken machen zu müssen. Was aber machte die äußere Schönheit dieses Ortes aus? Oder war es die Atmosphäre, die von spiritueller Erfahrung geschaffene Stimmung, die auf mich einen so nachhaltigen Eindruck gemacht hat? Gewiß, die äußere Schönheit war groß, und da ich weiß, wie leicht ich mich von solchen materiellen Verführungen ablenken lasse, prüfte ich meinen Eindruck gründlich. Was blieb, war eine Empfindung, die ich bis dahin nur beim Besuch von Klöstern verspürt hatte – von Orten, deren Bewohner sich zu einem abgeschiedenen (möglicherweise feigen) Leben entschlossen hatten. Es war das Gefühl, daß jeder Mensch eine ganz eigene Existenz besitzt, und daß es Augenblicke gibt, in denen es notwendig ist, seinem Mitmenschen gegenüber Distanz zu halten. Der Madrasseh von Isfahan unterschied sich von einem Kloster jedoch dadurch, daß er Menschen Zuflucht bot, die ansonsten mit weltlichen Dingen beschäftigt waren: Händler, Kaufleute, Gelehrte, Pilger, alle kamen hierher, für eine Stunde, für einen Tag, solange sie wollten. Es gab keine bindenden Konventionen; wer allein sein wollte, blieb allein und hielt sich abseits; andere schlossen sich zu kleinen Gruppen zusammen und sprachen über politische Dinge; wer beten wollte, betete; jeder wurde mit seinen jeweiligen Bedürfnissen respektiert. Und was die äußere Schönheit dieses Ortes anging: Langgestreckte, blau gefliese Gebäude schlossen einen rechteckigen Innenhof ein; ein langes Wasserbecken spiegelte die Häuser wider; breite Stufen führten hinunter zum Wasser; Flieder und Iris in großen, violetten Büschen wirkten wie ein dunklerer Widerhall der farbigen Fliesen; das goldene Licht des Sonnenuntergangs traf die weißen Stämme der Platanen und ließ sie erröten, bis sie sich in lebendiges Fleisch zu verwandeln schienen; und zwischen Büschen, Bäumen und Blumen wandelten hochgewachsene, in wallende Gewänder gekleidete Gestalten oder saßen am Wasser und rührten mit der Spitze eines Stocks gedankenverloren darin herum, so daß das Spiegelbild erzitterte und sich in eine Wolke aus Amethyst und Blau verwandelte, bis es sich wieder beruhigte, um die blauen Wände, die grünen Blätter und den rötlichen Abendhimmel abzubilden.

Kum

1

Am Abend erreichten wir zum zweiten Mal die heilige Stadt Kum. Diesmal fuhren wir in die Stadt hinein und wurden im Nu von den dunklen Bogengängen des Basars verschlungen. Die fast zweihundert Meilen lange Fahrt hatte uns ermüdet, aber wir mußten noch eine Unterkunft finden. Also fuhren wir zu einem Haus, das man uns empfohlen hatte, und klopften an die Tür, doch obgleich drinnen ein Hund bellte, machte uns niemand auf. Um uns versammelte sich die übliche Menschenmenge – kleine Jungen, die mit den Fingern in dem Staub auf unserem Auto herumkritzelten, Bettler, die uns jammernd die Hände entgegenreckten, und schwarzverschleierte Frauen, die neugierig herüberschauten und miteinander flüsterten. Dann fragte unser Diener, ob wir nicht das Haus, in dem er geboren wurde, mit unserer Anwesenheit beehren wollten? Doch wie sollten wir das Haus finden? Er hatte nämlich den Weg dorthin vergessen. Freiwillige meldeten sich, kauerten sich Gott weiß wo auf unser Gepäck, stellten sich auf unser Schutzblech, hängten sich an unser Auto wie die Affen, hielten sich mit einer Hand fest und winkten wild mit der anderen. So setzten wir uns wieder in Bewegung und tauchten in die dunkle Geschäftigkeit des Basars ein. Es war die Stunde der Abenddämmerung, in der die Bevölkerung aus den Häusern strömte, um einzukaufen und zu schwatzen, und in der die Esel mit ihrer Last vom Land hereingetrieben wurden. Alle schrien – und der ungewohnte Anblick eines Autos in ihrem Basar ließ sie noch lauter schreien. Es war fast völlig dunkel, nur ein paar kleine Ladenlampen brannten noch, bildeten winzige Lichtscheine am Rand der langgezogenen Gasse. Ich schaltete die Scheinwerfer ein, und ihr greller, konzentrierter Strahl erleuchtete das Dunkel, so daß sich die Esel mit ihren großen Lasten ängstlich in den Schatten drängten und nur ein gedämpfter Stoß uns hin und wieder sagte, daß wir eines ihrer Bündel gestreift hatten. Unsere Freiwilligen führten uns ortskundig durch Gassen und um mehrere Ecken. Unser Diener, inzwischen in einem Zustand freudiger Erregung, balancierte in akrobatischer Manier auf dem Schutzblech und hielt mit Hilfe eines Regenschirms die Kinder in Schach, die sich um unser Auto drängten. Ich war erleichtert, als wir die Basare hinter uns ließen, ohne jemanden umgefahren zu haben, wieder auf offener Straße waren und den freien Himmel über unseren Köpfen sahen. Aber auch außerhalb der Basare waren die Straßen so eng, daß unser Auto gerade zwischen die Lehmwände paßte; es schlingerte so heftig von Furche zu Furche, daß ich kaum das Steuerrad festhalten konnte. Eine Jungenbande zockelte hinter uns her und hielt sich schreiend am Auto fest. Dann kamen wir an eine Kreuzung und hielten neben dem Eckhaus an. Die Kunde von unserer Ankunft war schneller vorangekommen als wir; die Tür stand offen, unser Gastgeber – ein hochgewachsener, schwarzbärtiger Mann von unvergleichlicher Würde – begrüßte uns herzlich, und eifrige Hände lösten die Schnüre, die unsere Gepäckstücke sicherten.

Nach all dem Krach diese plötzliche Stille, nach langer Bewegung ein plötzlicher Stillstand. Das kleine Haus, rings um einen Innenhof erbaut; ein rechteckiges Wasserbecken spiegelt den blassen Himmel wider; ein Oleanderbusch, ein Zimmer, mit Teppichen ausgelegt, doch ohne jedes Möbel. Sind diese Dinge es wert, aufgezeichnet zu werden? Wahrscheinlich nicht. Doch aus solchen Ankünften, solchen Übergängen – aus solchen Blicken durch eine Tür, die sich einmal öffnet und dann für immer schließt – bestehen Reisen in Persien. Ich erinnere mich an das Hühnchen, das sie für uns im Saft von Granatäpfeln und Walnüssen kochten, an die große Schüssel mit goldgelbem Reis. Ich erinnere mich an das wohlige Gefühl, meine müden Glieder auf einem Haufen Decken auszustrecken. Ich erinnere mich daran, wie ich unseren Gastgeber fragte, ob er *tar* spielen könne (denn viele Perser tragen die Werke ihrer Dichter singend vor und schlagen dazu ein paar Akkorde auf den Saiten ihrer traditionellen Instrumente), und wie er statt dessen ein uraltes Grammophon mit einem halben Dutzend verkratzter Schallplatten anschleppte, die wir aus Gründen der Höflichkeit abspielen mußten. Ich erinnere mich, wie die Nacht über dem kleinen Innenhof hereinbrach und der Schlaf unsere Augenlider beschwerte.

2

Am nächsten Morgen erstrahlte das Haus im weichen, heißen Licht der Sonne. Eine Frau kniete vor dem Wasserbecken und wusch ihre Kleider; Tauben gurrten auf dem Dach; ein Baby kam aus dem Haus gewackelt; ein Hund ließ sich im Schatten fallen und schlief augenblicklich ein. Von der Straße draußen drangen die Rufe eines Hausierers in den Innenhof, doch das Haus war zur Straße hin völlig abgeschottet, nicht einmal ein Fenster durchbrach die braune Wand; es war ganz nach innen gekehrt, zurückgezogen und selbstgenügsam, auf den kleinen Hof orientiert, wo der schwarzbärtige Seyed über seine Frauen herrschte. So war es in diesem kleinen Haushalt immer gewesen, und so würde es auch den ganzen langen, heißen Sommer hindurch sein, während der Oleander welkte und die Weintrauben auf dem groben Klettergerüst reiften. So war es in Hunderten von kleinen Häusern überall in Persien; und in Dilijan, so wußte ich, gingen die Frauen am Fuße der Stadtmauer auf und ab, drehten ihre Spindeln und schlangen ihre Wollstränge um die hölzernen Pflöcke.

Unser Gastgeber kam heraus und grüßte uns. Er wirkte sehr groß, dunkel und ernst und trug seinen langen grauen Mantel wie eine Robe; sein Bart war gekämmt, seine Nägel mit frischem Henna gefärbt. Er saß rauchend unter dem Weinstock, während wir unser Frühstück einnahmen. Es war auf einem kleinen Vorsprung vor unserem Zimmer für uns ausgebreitet: Kissen aus smaragdgrünem Samt und ein Strauß herrlicher gelber Rosen. Eine Schüssel mit Sauermilch, Marmelade in grünen Gläsern. Das braune persische Brot, so knusprig wie Kekse. Wasser in einem blumenförmigen Krug. Kinder kamen und beäugten uns neugierig – ein kleines Wunder, die ersten Fremden, die die Schwelle ihres Hauses überschritten hatten. Auch die Frauen beobachteten uns, hielten ihre Schleier dicht vors Gesicht und kicherten. Doch Seyed, der auf seinem Platz unter dem Weinstock Wache hielt, winkte sie mit einer gebieterischen Geste fort. Dann stand er auf und lud uns ein, ihm zu folgen.

Die Eindrücke aus Kum sind in meinem Gedächtnis aufgehoben wie Miniaturen – persische Miniaturen, hell, klein und scharf. Ich sehe im Hintergrund die Arkaden, im Vordergrund menschliche Gestalten und den mit kleinen Blumen bedeckten Boden, und all das mit der feinen Detailgenauigkeit jener alten Gemälde. Jedes Bild ist in sich vollständig, als stecke es bereits in einem Rahmen, ganz treuer Ausdruck der in ihm angelegten Möglichkeiten, aber auch einer allgemeinen Tradition verpflichtet, zeitlos und dennoch klassisch. Seyed führte uns durch die Straßen. Sein selbstbewußter Gang strahlte Autorität aus, aber wir hatten keine Ahnung, wo er uns hinführte und hätten auch niemals allein zurückgefunden. So irrten wir durch das Labyrinth zwischen den Lehmwänden dahin, und sein Haus mit dem Innenhof kam mir bereits wie ein

Bild vor, das ich in einem Buch gesehen hatte, wie eine Buchmalerei in einem Meßbuch, das ich bereits zugeklappt hatte, als er vor einer Tür stehenblieb und uns aufforderte einzutreten.

Seyed schlug das Buch für mich auf einer anderen bemalten Seite wieder auf. In der Mitte des Innenhofs stand der Busch, von dem die gelben Rosen gepflückt worden waren, größer als mannshoch, von großen, edlen, gelben Blüten bedeckt, die wie Schmetterlinge auf den grünen Blättern schwebten. Es muß der Zauberbusch aus Tausendundeiner Nacht gewesen sein; eifrig schaute ich mich nach dem singenden Brunnen und dem sprechenden Vogel um; ein einsamer Goldfisch tummelte sich im Wasserbecken. Seyed stand lächelnd da. Mir wurde klar, daß seine Miene von einem besonderen Stolz erhellt war, daß er uns etwas zeigte, das in seinem Leben einen romantischen, geheimen Platz einnahm, einen von der Häuslichkeit seines Wohnsitzes völlig abgetrennten Aspekt seiner Existenz. Aber er schwieg, und wir standen da und wußten nicht, was wir sagen sollten. Die Zeit schien stillzustehen. Wir wußten, daß gleich etwas geschehen würde, hatten jedoch nicht die geringste Ahnung, was es sein könnte. Eine Biene summte durch die sonnenerwärmte Luft; eine Rose brach, und die gelben Blütenblätter schwebten zu Boden. Dann erschien eine junge Frau in einem blauen, mit Sternen besetzten Gewand im Bogengang des Hauses. Sie hielt ein Kind auf dem Arm. Nur einen kurzen Augenblick lang konnten wir sehen, wie sie, von einem Torbogen eingerahmt, mit fragenden, erwartungsvollen Augen nach unten schaute. Als sie die Fremden erblickte, stieß sie jedoch einen Schrei aus und verschwand, und der Innenhof kehrte zu seiner warmen, leeren Stille zurück, bewacht nur von den prächtigen, gelben Rosen. Wir schauten Seyed an. Er lächelte noch immer – ein Schausteller, der einen Moment lang einen Vorhang gelüftet und ihn dann wieder fallengelassen hatte. Dann wurde er ernst und führte uns wieder hinaus auf die Straße, die Tür schloß sich hinter ihm, und es fiel keine Bemerkung über das, was wir gesehen hatten. Wir schlenderten auf die Basare zu und sprachen über die russischen Händler auf dem Kaspischen Meer.

3

Doch wir sollten noch mehr über Seyed erfahren. Um uns auch noch den dritten Aspekt seines Lebens zu zeigen, führte er uns zu seinem Laden im Basar. Bislang hatten wir nicht gewußt, welchem Beruf er nachging; nun fanden wir heraus, daß er Tabakhändler war. Er enthüllte seine Existenz so vollständig vor unseren Augen, offenbarte uns mit so würdigem Ernst diese drei Miniaturen seines Lebens und strahlte dabei eine solche Autorität aus, daß ich fast geneigt war, einen bewußt inszenierenden Künstler in ihm zu vermuten. Doch das stand natürlich völlig außer Frage. Wir saßen in seinem Laden, rauchten und tranken Tee, während die Betriebsamkeit des Basars an uns vorbeiströmte und Seyed sich weiter über die russisch-persischen Beziehungen verbreitete. Er war noch immer völlig ruhig und würdevoll, und es hatte durchaus den Anschein, als hätte das kleine Zwischenspiel im Hof seines zweiten Hauses niemals stattgefunden. Er saß hinter seinem Tresen und ließ die langen Finger mit den orangefarbenen Nägeln müßig über die Gewichte und Waagen aus Messing fahren; sein Äußeres wirkte sauber und edel – das war ein Mann, der sein Leben völlig unter Kontrolle hatte. Sein Laden war vom Boden bis zur Decke mit bunten Zigarettenschachteln vollgestopft. Ab und zu blieb jemand stehen, und Seyed stand auf, um eine Schachtel herunterzuholen oder eine Unze Tabak auszuwiegen. All das tat er mit langsamen, geruhsamen Bewegungen und ließ die Münzen, die er von seinen Kunden bekam, nachlässig in die Kasse gleiten, als hätten sie für ihn keine größere Bedeutung als Wassertropfen. Es war seltsam, den Basar aus dem entgegengesetzten Blickwinkel zu sehen, von innen aus einem Laden hinauszuschauen, nicht wie sonst von draußen hinein. Nach einer Weile kam Seyeds Sohn, ein hochgewachsener, dunkler junger Mann, der seinem Vater sehr ähnlich sah. Er hatte ein Stückchen weiter in der gleichen Straße einen eigenen Laden. Seyeds Blicke ruhten voller Stolz auf seinem Sohn. Er konnte lesen und las seinem Vater einen Brief vor, den Seyed nicht hatte entziffern können. Wie, fragte ich mich, mochte wohl die Beziehung zwischen Seyeds Sohn und der Frau in dem zweiten Haus beschaffen sein? Wußte er überhaupt von ihrer Existenz? Ein ganzes Gewirr von Beziehungen erstand vor meinen Augen. Welche Art von Kommunikation bestand zum Beispiel zwischen der kichernden, ärmlich gekleideten Frau, die für uns Wasser geholt und unser Abendessen gekocht hatte, und der blaugewandeten, verwöhnten, verehrten Frau, die so flüchtig hinter den gelben Rosen aufgetaucht war? Waren sie Rivalinnen? Oder Mätresse und Dienerin? Wußten sie voneinander, oder waren sie einander fremd? Fragen, auf die ich nie eine Antwort bekommen würde, so brennend sie mich auch interessierten; Geheimnisse, die ich – auf dem Weg zurück in ein ganz anderes Leben – in dem heiligen Dorf, bei dem persischen Händler belassen mußte.

Die Krönung von Reza Khan

1

Als wir nach Teheran zurückkehrten, hielt uns der Wachposten am Stadttor mit der mechanischen Frage an: »Az koja miayand?« »Aus welchem Ort kommt ihr?« Und als wir antworteten: »Az Isfahan«, ließ er uns passieren. In den Straßen herrschte eine aufgekratzte Stimmung; an allen öffentlichen Plätzen hatte man hohe, ziemlich krumme Masten aufgestellt und mit roten Fähnchen geschmückt; es gab nirgendwo mehr Fahnen zu kaufen; Girlanden aus elektrischen Glühbirnen schwangen sich über die Fassade des Gebäudes der Stadtverwaltung. Wilde, romantische Reiter paradierten in kleinen Gruppen durch die Straßen. An mehreren Stellen wurden Triumphbögen errichtet. Drahtsilhouetten von Herkules im Kampf mit dem Löwen, von Castor und Pollux, von Flugzeugen und Autos deuteten auf die persische Lieblingsunterhaltung hin: ein Feuerwerk. Es gab keinen Zweifel: Ihnen war endlich klargeworden, daß der Termin der Krönung unaufhaltsam näherrückte, und sie hatten sich im letzten Moment voller Panik aufgerafft, ein paar Vorbereitungen zu treffen.

Mit dem charakteristischen Mangel an Weitblick hatten sie alles bis zum letzten Augenblick aufgeschoben und gaben sich jetzt verärgert, weil die Arbeiter – im Monat Ramadan nur allzu verständlich – müde und halbherzig bei der Sache waren. Wer die Klagen der Verantwortlichen bei Hofe hörte, hätte meinen können, der Ramadan sei völlig überraschend über sie hereingebrochen. Wie Menschen, die ein Laienspiel vorbereiten, waren sie jedoch von der Zuversicht beseelt, daß am fraglichen Tag schon alles in Ordnung gehen würde. Sie freuten sich wie Kinder über die Genialität ihrer Maßnahmen und über die Gelegenheit, ihren Einfallsreichtum bei der Ausschmückung dieses großen Ereignisses unter Beweis zu stellen. Alles wurde zusammengerafft und auf provisorischen Tischen entlang der Straße aufgestellt: Standuhren, Vasen, Teekannen, Photographien, Porzellan – vor allem aber Standuhren, für die sie, wie die meisten Orientalen, eine große Vorliebe hatten, so daß man in den Straßen von Teheran den ganzen Tag über Uhren bimmeln hörte, von denen jedoch kaum eine richtig ging. Natürlich mußte auch eine angemessene Beleuchtung her; zusätzlich zu den offiziellen Laternen und Feuerwerkskörpern schleppte jeder einzelne kleine Haushalt seine Öllampen, Windlichter und Kerzenständer heran und stellte sie neben die Uhren und Porzellanteller. Es dauerte nicht lange, und ganz Teheran wirkte wie ein riesiger Trödelmarkt. Schließlich wurde diese Absurdität durch eine letzte, sehr wirkungsvolle Dekoration bereichert: Vor die Wände der Häuser wurden Teppiche gehängt, so daß die schäbigen Gebäude hinter den Arabesken von Kirman und dem blutroten Samt von Bokhara verschwanden: Teheran war keine Stadt aus Backstein und Lehmputz mehr, sondern ein großes, luxuriöses, zum Himmel hin offenes Zelt.

Seit mehreren Tagen schon strömten Abgesandte der verschiedensten Stämme in die Stadt. Wir waren den Anblick dieser wilden, pittoresken Gestalten nicht gewöhnt; mit Schilden und Waffen bewehrt, ritten sie auf ihren grobschlächtigen Ponys den Lalézar hinunter und begegneten der Aufmerksamkeit, die sie erregten, nur mit hochmütiger Mißachtung. Belutschen mit geprägten Schilden, Turkmenen mit großen Pelzmützen und Kitteln aus rosenroter Seide, Bakhtiaris mit hohen, weißen Fellhüten, schwarzen Jacken und weißen Ärmeln, Kurden mit Turbanen aus gefranster Seide; Kaschanen, Luren, Berber, Männer aus Sistan – die Abgesandten all dieser, dem Herrscher in Teheran mehr oder weniger ergebenen Stämme bildeten die Leibgarde des neuen Schah. Durch sie und die schmückenden Teppiche verlor Teheran sein schäbiges möchtegern-europäisches Aussehen und nahm endlich eine Atmosphäre an, die schon eher an die Schilderungen Marco Polos erinnerte.

Im Palast hatte man eine ganze Reihe von Arbeiten in Angriff genommen, hatte den Thronsaal neu gestrichen, die Wege des Gartens gepflastert, die größten Löcher in den Wänden aufgefüllt, das sogenannte Museum aufgeräumt und vieles aussortiert. All dies war europäisch und ungewohnt. Den Persern selbst war es völlig egal, ob sich an den Wänden im Thronsaal feuchte Flecken zeigten oder die Gedecke für das Staatsbankett zueinander paßten. Sie sagten dies auch ganz offen: »Sehen Sie«, erklärte mir einer von ihnen, »wir haben ja erst vor kurzem begonnen, überhaupt auf Stühlen zu sitzen.« Ihr Eifer, die Europäer zu beeindrucken, war nichtsdestotrotz rührend. Jeden Punkt, und sei er auch noch so nebensächlich, erörterten sie mit ihren englischen Freunden. Sie kamen selbst mit kleinen Stoffmustern aus Brokat und Seide und baten uns, unsere Meinung über die Farbe des Thronsaals abzugeben. »Sehen Sie«, sagten sie, »wir haben keine Ahnung davon.« Sie bestellten riesige Mengen von Gläsern und Porzellan bei englischen Firmen. Zwar bestand nicht die geringste Chance, daß die Waren rechtzeitig zur Krönung in Teheran eintreffen würden, da sie ihre Bestellung viel zu lange hinausgeschoben hatten, doch das vermochte ihre Begeisterung nicht zu dämpfen. Sie wollten für die Palastdiener unbedingt rote Kleider, die den roten Livreen der Diener in der englischen Gesandtschaft glichen. Sie wollten unbedingt ein Protokoll der Krönung von Seiner Majestät George V. in Westminster Abbey zu sehen bekommen; das steife Zeremoniell und die vielen Insignien stifteten allerdings nur Verwirrung. Ein Minister, der besonders stolz auf seine englischen Sprachkenntnisse war, kam, um mich persönlich zu fragen, was ein »Rougedragon Poursuivant« sei; offenbar stand er unter dem Eindruck, es handele sich dabei um irgendein in Persien unbekanntes Tier. Das allgemeine Amüsement über den äußeren Pomp der Krönung verführte dazu, die tiefergehende Bedeutung des neuen Regimes aus den Augen zu verlieren.

Für uns in Teheran war Reza Khan Pahlewi als designierter Herrscher eine rätselhafte Gestalt. Außer beim öffentlichen Salaam ließ er sich kaum sehen, und nie beehrte er eine ausländische Mission mit seiner Anwesenheit. Gelegentlich verließ er jedoch seinen Palast, um zum Entsetzen der städtischen Behörden völlig unerwartet mit seinem Rolls-Royce durch die Straßen Teherans zu fahren. Danach ließ er die verantwortlichen Beamten zu sich rufen und beschimpfte sie wegen des schlechten Zustands der Straßen. »Ihr gebt das ganze Geld für die Verschönerung des öffentlichen Gartens aus«, schrie er dann und fuchtelte mit der Faust in Richtung der fragwürdigen Grünanlage, die inmitten eines staubigen Platzes lag, wo, durch Stacheldraht abgetrennt, ein paar Mauerblümchen und Vergißmeinnicht ein trauriges Dasein fristeten. Er wußte sehr wohl, daß das Geld nicht in den Garten floß, und die Beamten wußten, daß er es wußte. Aber das Finanzsystem Persiens ließ sich nicht in einem Tag ändern. Also zog sich der Diktator wieder in seine Privatgemächer zurück, die Beamten verließen mit einem Seufzer der Erleichterung den Palast, und es ging alles wieder seinen gewohnten Gang.

Von seiner äußeren Erscheinung her wirkte Reza bedrohlich. Er war ein Meter neunzig groß, hatte ein mürrisches Gesicht mit einer riesigen Nase, graumeliertes Haar und ein hervorstehendes Kinn. Seine Herkunft zeigte sich deutlich: Er sah tatsächlich wie der Anführer einer Kosakenbrigade aus. Andererseits ließ sich nicht leugnen, daß er eine königliche Ausstrahlung besaß. Im nachhinein schien es, als sei er in erstaunlich kurzer Zeit aus dem Nichts in seine jetzige Position aufgestiegen; aber die Armee war sein Werk, und sie stand felsenfest hinter ihm. Mit Tamerlan hätte er sagen können:

> Sollt' ich die Krone Persiens begehren,
> gewönn' ich sie mit Leichtigkeit:
> Und strebten wir diese Ehre an,
> würden nicht all unsere tapfren Soldaten
> uns ihre freudige Zustimmung geben?

Er hatte keinen Rivalen zu fürchten in dieser nachlässigen, schwachen Nation, die er unter seine Herrschaft gebracht hatte. In diesem Charakter seiner Nation lag jedoch auch ein Großteil seiner Probleme begründet; sie ist leicht zu beherrschen, da Energie und Tatendrang auf keinerlei Widerstand stoßen, doch einmal unterworfen, ist sie schwierig zu regieren. Es gibt nichts, worauf man aufbauen könnte; weiche, sanfte Menschen können dem dynamischen Geist mehr zu schaffen machen als eine widerspenstigere, kraftvollere Rasse; sie kämpfen nicht *gegen* etwas, kämpfen aber auch nicht gemeinsam mit ihrem Herrscher *für* eine Sache. Diese Einstellung führt unweigerlich zu den unzähligen Fällen von Mißbrauch und Korruption, unter denen Persien so leidet – das Fehlen einer unabhängigen Gerichtsbarkeit, die Käuflichkeit von Ämtern, die Bestechung, Unterschlagung und allgemeine Unehrlichkeit, die Außenstehende so abstößt, und zwar nicht nur vom moralischen Standpunkt aus, sondern auch aus Verzweiflung über die Dummheit und Gerissenheit eines solchen Systems. Dieser innere Fäulnisprozeß kompliziert die Position eines energischen Herrschers nicht weniger als der politische Druck, den England und Rußland ausüben; er muß aufgehalten werden, ehe irgendeines der vielen anderen Probleme angepackt werden kann – Transport, Unterbevölkerung, Bewässerung, die Lebensbedingungen der Bauern und die Kultivierung des Bodens.

Reza, sagte man, habe die persische Krone nicht begehrt und die Staatsform einer Republik der eines Königreichs vorgezogen; die Geistlichkeit habe darauf bestanden, daß er den Thron akzeptiert. Er war ein Mann, der sich aus äußerem Pomp nichts machte und auch weiterhin in seinem eigenen Haus wohnte; in den Palast begab er sich nur, wenn er eine Audienz gab oder ein ähnlicher Anlaß vorlag. Dieser Palast bot den seltsamsten Kontrast zwischen Verwahrlosung und erhabener Pracht. Der erste Innenhof, auf dessen einer Seite der berühmte Marmorthron stand, wurde von einer Reihe von Gebäuden eingeschlossen, die an Schuppen für Gartengeräte erinnerten. Durch große Löcher in den Wänden hindurch konnte man große Haufen Unrat sehen, auf denen die Hühner scharrten. Die zerlumpte Wäsche der Soldaten hing auf quer zwischen die Bäume gespannten Leinen. Durch einen zweiten Innenhof gelangte man in den Garten, von dem aus die Fassade des Palasts zu sehen war. Diese Fassade war kunstvoll gefliest, aber die Hälfte der Fliesen schon längst heruntergefallen, ein abgebrochenes Eisengeländer führte ziellos über die Terrasse, die Wasserbecken waren mit abgestorbenen Blättern verstopft, die Pfade schlammig, die Hälfte der Fenster zerbrochen. Ein schäbiges, mit Kandelabern und Statuen aus dem Deutschland des neunzehnten Jahrhunderts bestücktes Treppenhaus führte zu den oberen Räumen. Dort befand sich auch das große Zimmer, in dem das Museum untergebracht war – eine Reihe von Glasvitrinen mit einer höchst außergewöhnlichen Ansammlung von Gegenständen, die von Produkten der sassanischen Töpferei bis zu den Zahnbürsten des Nasreddin Schah reichte. In diesem Zimmer, das mit seinen großzügigen Bodenmosaiken, seinen Säulen und der hohen, gewölbten Decke eher wie eine kleine Kathedrale aussah, sollte die Krönungszeremonie stattfinden. Im Augenblick war der Raum jedoch noch den Handwerkern überlassen. Überall standen

Gerüste, Leitern und Farbtöpfe herum, und die Beamten rangen verzweifelt die Hände: Niemals, *niemals,* so sagten sie, könne der Palast bis zum fünfundzwanzigsten April fertig werden. Und dann, als sei der Anblick zu deprimierend, um ihn sich und uns noch länger zuzumuten, schlugen sie einen Besuch in der Schatzkammer vor.

2

Wir balancierten vorsichtig über die bruchstückhaft gepflasterten Wege des Gartens, in dem Tauben gurrten und die linde Frühlingsluft wie eh und je durch die jungen Blätter der Platanen strich, als stünde Persien kein spektakulärer Wechsel der herrschenden Dynastie bevor. Schließlich betraten wir durch einen niedrigen Eingang erneut den Palast, tasteten uns vorgebeugt, damit wir uns nicht die Köpfe anstießen, vorsichtig vorwärts, durch einen engen Gang und eine Treppe hinauf, bis wir einen kleinen Raum mit vergitterten Fenstern erreichten. Da wir inzwischen über den schäbigen Zustand, in dem sich in diesem Land fast alles befand, nur allzu gut Bescheid wußten, hatte mich die Aussicht, die Schatzkammer des kaiserlichen Iran zu sehen, nicht sonderlich aufgeregt, und auch die betont nüchterne Haltung der in Gehröcke gekleideten Minister konnte nicht dazu beitragen, meine Erwartungen hochzuschrauben. Die Minister standen herum, schlürften Tee aus kleinen Tassen und lächelten auf sanfte, geheimnisvolle, selbstzufriedene Weise, während mehrere Diener geschäftig hin- und herliefen, ein grünes Filztuch über den Tisch breiteten und aus den Nischen eines angrenzenden Raumes sorgfältig verschnürte Lederkoffer und Leinentaschen herbeischleppten. Ich beobachtete all diese Vorbereitungen mit einem eher flüchtigen Interesse und weilte mit meinen Gedanken anderswo, bis ich plötzlich fast erschrocken zusammenfuhr und meine Augen und Gedanken sich wieder trafen, wie Zahnräder, die ineinandergreifen. Ich riß die Augen auf und rang nach Luft. Der kleine Raum war verschwunden. Ich war Sindbad im Tal der Edelsteine, Aladin in der Lampenhöhle. Die Leinentaschen spien Smaragde und Perlen aus; das grüne Tuch verschwand, und der Tisch wurde zu einem Meer aus wertvollen Steinen. Die Lederkoffer öffneten sich und gaben den Blick auf mit Edelsteinen besetzte Krummschwerter, mit Rubinen überzogene Dolche, aus riesigen Smaragden geschnittene Schnallen und Stränge mit enorm großen Perlen frei. Dann kamen die Diener wieder herein. Diesmal brachten sie üppig mit Diamanten besetzte Uniformen, eine Kappe mit einer hohen Reiherfeder, die von einem Diamanten gehalten wurde, der größer war als der Kohinoor; zwei Kronen wie große Tiaren, prächtige Diademe, aus den feinsten Perlen zusammengestellt. Die Minister lachten über unser ungläubiges Staunen. Der so nachlässig präsentierte Schatz schien unerschöpflich zu sein. Endlich konnte ich der Geschichte von Nasreddin und seinem Besuch bei den Kurden und Luren Glauben schenken, konnte mir vorstellen, daß er nicht nur sich selbst, sondern seinen gesamten Hofstaat mit funkelnden Wappenröcken ausstaffiert hatte. Wir tauchten unsere Hände bis zu den Handgelenken in ungeschliffene Smaragde und ließen lose Perlen durch unsere Finger gleiten. Wir vergaßen das heutige Persien und ließen uns zurückversetzen in die Zeit Akbars und der riesigen Beutezüge Indiens.

3

Der Pessimismus der Minister war nicht gerechtfertigt, denn als wir am Morgen des fünfundzwanzigsten April erwachten, war Teheran so herausgeputzt und aufpoliert, daß wir es kaum wiedererkannten. Wie mochte Reza Khan, diesem mürrischen Mann, am Tag seiner höchsten Erfüllung zumute sein? Ich für meine Person – und die eigene Person ist die einzige, über die man wirklich Aussagen treffen kann – hoffte inständig, daß alles gut gehen würde. Ich hatte eine eigene Beziehung zu dem Thronsaal entwickelt, den ich zu inoffiziellen Zeiten so oft besucht hatte, um den Farbton der pfirsichfarben gestrichenen Wände zu kritisieren und die greulichsten der Sèvre-Vasen, die dem Hofminister so sehr ans Herz gewachsen waren, in eine Abstellkammer zu verdammen. Diesen Saal sollte ich jetzt von seiner prunkvollsten Seite erleben, voller Würdenträger, mit Bannern geschmückt. Ich kam mir vor wie die beste Freundin der Braut, die noch bis kurz vor der Hochzeitszeremonie mit ihr zusammen ist, sie in Hausschuhen und Pullover – unordentlich, aufgeregt, vertraulich – gesehen hat und plötzlich umschalten muß auf Brokat und Orangenblüten. Ich konnte nur hoffen, daß jemand im letzten Moment die letzten Dreck- und Mörtelhaufen weggefegt, die Teppiche ausgelegt und den Pfauenthron von seinen Abdecktüchern befreit hatte. Daß die Palastdiener ihre fleckigen blauen Kittel gegen die neuen, scharlachroten Livreen eingetauscht hatten, die bisher noch niemand zu Gesicht bekommen hatte. Daß die neue Krone, deren Entstehung ich mitverfolgt hatte, rechtzeitig fertig geworden war und auf einem Samtkissen funkelte. Die Tage des heimlichen Wirkens hinter den Kulissen waren vorüber, der Morgen der öffentlichen Ausführung war unwiderruflich angebrochen.

Gegen halb drei saßen wir auf unseren Plätzen und

schauten von einem erhöhten Podium auf eine wogende Menge aus Gehröcken und Uniformen hinab. In der Mitte hatte man einen breiten Gang freigelassen, der zu den Stufen des Thrones führte. Der prächtige Herrscherstuhl war mit Emaille und wertvollen Steinen geschmückt; von den Armlehnen hingen Quasten aus rohen Smaragden herab, und die dem gespreizten Schwanz des indischen Vogels nachempfundene Rückenlehne war in strahlenförmigen Reihen mit Rubinen überzogen, die von der mit Spiegeln ausgekleideten Nische mehrfach reflektiert wurden. Vor den Stufen zum Thron hockten an einer Seite die Mullahs, schmutzige, bärtige alte Männer mit riesigen Turbanen und langen Gewändern; wie ein unheilvoller Chor in einer griechischen Tragödie drängten sie vorwärts und schoben sich immer weiter in den Gang hinein, bis sich ein Adjutant gezwungen sah, hinüberzugehen und sie mit äußerster Hochachtung flüsternd zu bitten, sich doch ein wenig zurückzuziehen. Böse Blicke trafen die Mullahs, Blicke voller Furcht und Haß, während sie, abweisend und mürrisch den Gang freigebend, ihre Gewänder rafften und in der Hocke ein Stück rückwärts krochen.

Die Zeremonie sollte um drei Uhr beginnen. Gegen halb vier gab es noch immer kein Anzeichen für eine Öffnung der Türen. Weil die Mullahs zugegen waren, wurde keine Musik gespielt, also schwiegen wir. Es war ein warmes Schweigen, das nur von leisem Flüstern und Rascheln in der Menge unterbrochen wurde. Die goldbetreßten Diplomatenuniformen und das Hellblau der persischen Offiziersgarderobe wurden den Gang entlang durch den einen oder anderen Farbakzent bereichert: Ein armenischer Priester trug scharlachroten Samt, ein Turkmene war in Rosenrot gekleidet, und einen Schritt vor der ersten Reihe standen junge Fahnenträger in Kettenpanzern – wie Kreuzfahrer, die es aus unerfindlichen Gründen nach Asien verschlagen hat. Erwartungsvolle Spannung lag über dem Krönungssaal und wurde durch die Stille noch gesteigert. Selbst die geflüsterten Kommentare über die Verspätung verstummten jetzt. Endlich bewegte sich etwas. Die Türen wurden geöffnet, und ein kleiner Junge erschien. Ganz allein, in eine prächtige Uniform gekleidet, stapfte er salutierend den Gang hinunter und nahm seinen Platz auf der untersten Stufe des Thrones ein – Seine Kaiserliche Hoheit Schahpur Mohammed Reza, Kronprinz von Persien.

Was könnte absurder sein als eine Krönung? Sie setzt eine Verehrung von Königen voraus, die kein vernünftiger Mensch ernsthaft verspüren kann, spricht jene primitiven Gefühle an, die uns zu Shakespeares historischen Dramen zurückführen mit ihrem großartigen, trügerischen Gepränge, verführerisch wie ein phantasievolles Kinderspiel – und in poetischen Zeilen, deren wehmütige Beschwernis von königlichen Worten und den mit ihnen verknüpften Assoziationen abhängt. »Sonst liegt ein großer Prinz in schweren Ketten...« Doch: Warum sollte ein großer Prinz nicht wie ein einfacher Übeltäter in Ketten liegen, wenn er es verdient hat? Warum sollte das Haupt, das eine Krone trägt, nicht ebenso unbequem gebettet sein wie ein Kopf, der noch nicht einmal einen Hut sein eigen nennt? Trotz all dieser kritischen Gedanken, trotz der Gewißheit, daß es eigentlich nichts Erstrebenswertes ist, gibt es einen Teil in uns, der das Zeremoniell genießt und bewirkt, daß wir uns den Hals verrenken, um die Inthronisierung mit eigenen Augen zu sehen – ganz so, als wohnten wir tatsächlich einem Augenblick erhabener Verwandlung bei. Von seinen Generälen und Ministern begleitet, mit Juwelen und allen Insignien der Macht ausgezeichnet, die Reiherfeder an seiner Kappe festgehalten von dem als »Berg des Lichts« titulierten Diamanten, einen blauen, mit schweren Perlen verzierten Umhang umgelegt, ging der Schah auf den Pfauenthron zu. Die europäischen Frauen sanken in einen Hofknicks, und die

Männer verneigten sich tief, als er vorüberschritt; die Mullahs drängten, einem habgierigen, besitzergreifenden Impuls folgend, einen Schritt nach vorn; der verängstigte kleine Kronprinz hielt sich an einem Zipfel des väterlichen Umhangs fest. Nur die Stille wirkte fremd. Man erwartete Trompeten und Fanfaren, feierliche, triumphierende Akkorde, doch es war nichts zu hören. Schließlich leierte jemand eine Ansprache herunter, dann las der Schah etwas vom Blatt. Mit eigenen Händen nahm er die Kappe ab, mit eigenen Händen ergriff er die Krone und hob sie sich über den Kopf, während zwei Minister neben ihm die entehrten Tiaren der Kadjaren-Dynastie hochhielten. Dann ließ eine Gewehrsalve von draußen die Fenster erzittern und verkündete den Massen in den Straßen, daß Reza Khan König der Könige und Mittelpunkt des Universums geworden ist.

4

Alles drängte hinaus, nachdem der Schah den Saal verlassen hatte, und die Minister nahmen die Gratulationen ihrer Freunde zur erfolgreichen Durchführung der Zeremonie strahlend entgegen. Tatsächlich waren wir alle sehr erleichtert, daß der reibungslose Verlauf der Feierlichkeiten nicht durch irgendein Mißgeschick gestört worden war; daß niemand über sein Gewand gestolpert, eine Krone oder ein Schwert fallengelassen hatte und auch sonst keiner jener Zwischenfälle eingetreten war, die wir nach unseren Erfahrungen in Persien durchaus hätten erwarten können. Ich für meinen Teil fand die Herzlichkeit der Gratulationen vielleicht ein wenig übertrieben, doch die Minister wirkten aufrichtig erfreut und wiederholten ein ums andere Mal: »Oui, en effet, tout s'est très bien passé.«

In den überfüllten Straßen teilte sich die träge Menschenmenge, um die Autos durchzulassen. Sie wirkte teilnahmslos, eine Ansammlung ignoranter Menschen, die an den Geschehnissen des Tages herzlich wenig Interesse zeigten. Sie starrten schweigend vor sich hin und ließen sich von der Polizei schlagen und zur Seite drängen, während das englische Auto mit dem steifen kleinen Zinnbanner auf der Motorhaube sich mühsam seinen Weg bahnte.

Eine persische Menschenmenge ist stets streng nach Geschlechtern getrennt; hier die Männer, dort die Frauen, dicht zusammengedrängt, so daß man, wenn man vorbeifährt, erst das ernste Schweigen der Männer bemerkt und dann, sobald man sich den schwarzverschleierten Gestalten nähert, ein plötzliches, charmantes Zwitschern hört, als käme man an einer Schar Vögel oder spielender Kinder vorbei. Sie saßen mit gekreuzten Beinen auf dem Gehsteig, erhoben sich neugierig, lugten unter ihren Schleiern hervor; junge Frauen mit funkelnden Augen, alte Frauen, typische Schwiegermütter und Haustyrannen, und kleine Mädchen, die ihre Gesichter hinter den schwarzen Haarnetzen verbargen, so daß sich Kindliches und Erwachsenes auf seltsame Weise vermischten. Man konnte nie mehr als einen kurzen Blick erhaschen, doch dieser Blick verriet oft mehr über den gesamten Charakter als das nackte Gesicht, ob es nun ein Blick in die lebhaft frechen Augen einer jungen Frau war oder auf die erschlaffte Wange einer alten Megäre. Ich hatte sie Tag für Tag in kleinen Gruppen auf dem Gehsteig zusammenstehen sehen und solche Blicke erhascht. Jetzt hatten sie sich zu einer riesigen Menge versammelt – als hätte jeder kleine, abgeschiedene Haushalt in Teheran seine Frauen auf die Straßen entlassen, wo sie aufgeregt plappernd diesen Tag verbrachten, der ihnen für die nächsten zwölf Monate Gesprächsstoff liefern sollte. Leila hatte einen hübschen jungen Kurden gesehen... Seine Hüften hättet ihr sehen müssen!... Und wie er auf seinem Pferd saß!... Aber Zia hatte einen noch viel hübscheren Engländer bemerkt – blond und hochgewachsen, ganz anders als die Perser... Wie würde er reagieren, wenn sie ihm ein Briefchen schicken würde? Denn die persischen Frauen sind hinter ihren Schleiern kühn und erfinderisch, und ihre Gespräche kreisen stets um das eine Thema.

Die Fahnen flatterten an ihren krummen Masten, und die mit Drähten befestigten Feuerwerkskörper in der Mitte des Platzes warteten auf die Nacht, in der sie, die wie riesige Fadenspiele aussahen, ihr kurzes Leben in Bildern aus wirbelndem, rotem und gelbem Licht aushauchen würden. Von den Balkonen des städtischen Gebäudes schauten wir hinunter auf die Menge; an jedem Fenster reckten sich mehrere Köpfe; das niedrige, graue Gebäude am Ende des Platzes trug die englische Aufschrift IMPERIAL BANK OF PERSIA; die Standuhren tickten auf den Tischen unter den Triumphbögen. In der Ferne war die Leibgarde des Schahs zu sehen, die sich aus den Abgesandten der verschiedenen Stämme zusammensetzte. Sie warteten am Straßenrand auf ihren Pferden, bis es für sie an der Zeit war, Aufstellung hinter der Kutsche des Schahs zu nehmen. Auf den Balkonen des städtischen Gebäudes plätscherte die Konversation vertraut und nichtssagend dahin: Der Entwurf der neuen Krone ist gut gelungen, nicht wahr? Ein russischer Juwelier in Teheran hat sie hergestellt. Der Kronprinz ist ein goldiger kleiner Junge, finden Sie nicht? Mit seinem Miniaturschwert und den glänzenden Stiefeln sieht er doch richtig niedlich aus? Ein schrecklicher Junge ist das, rief jemand dazwischen; er ist jähzornig und schlägt seine Diener mit Fäusten. Gläser mit Limonade wurden herumgereicht und die Zierpflanzen auf der Brüstung von behandschuhten Fingern vorsichtig zur Seite geschoben, um den schwarzen Mündungen der Photokameras Platz zu machen. Alles in allem bot die Krönung von Reza Schah einen willkommenen Anlaß für eine gesellige Zusammenkunft, und zwar nicht nur für Leila, die die Hüften des jungen Kurden bewunderte, sondern auch für Madame X., die mit dem neu eingetroffenen Militärattaché vertraulich tuschelte.

Wie Aschenputtel kam der Schah in einer Glaskutsche, die im Schrittempo von sechs Pferden gezogen wurde. Reitknechte mit bunten Hüten, die aussahen wie Gestalten aus einem russischen Ballett, gingen neben den Pferden her. Hinter der Kutsche des Schahs ritten die Minister seines Kabinetts, die sich in ihren Ehrengewändern aus Kaschmir auf dem Rücken ihrer Pferde sichtlich unwohl fühlten. Ihnen folgte ein mißmutig dreinschauender Prinz der Kadjaren-Dynastie, gegen seinen Willen gezwungen, dem Usurpator auf diese Weise öffentliche Unterstützung angedeihen zu lassen. Dann kam der Kronprinz, allein, sehr klein, in einer zweiten Kutsche, und schließlich die Leibgarde, nach Stämmen geordnet, wie Zentauren, im vollen Festornat – die dunkelhäutigen Barbaren Asiens. »Ist es nicht tapfer, ein König zu sein, Techelles? Ist es nicht überaus tapfer, ein König zu sein und im Triumphzug durch Persepolis zu reiten?« Der Zug des Schahs war nicht von Applaus begleitet, denn Applaus ist bei den Persern nicht üblich, doch folgte ein Murmeln seiner Kutsche, und als er um die Ecke bog und wir ihn nicht mehr sehen konnten, hörten wir, wie sich das Murmeln den Lalezar hinauf ausbreitete. Wenn er das Stadttor erreicht hatte – aber auch erst dann –, würde die unvermeidliche Ernüchterung einsetzen: Der Schah würde aus der Kutsche steigen, dort, mitten zwischen den Dreckhaufen und Ziegen, seine Krone abnehmen und in einem schlichten Auto Platz nehmen, das ihn zu seinem Landsitz brächte. Dies zu sehen, hatten wir jedoch nicht die Ehre. Wir schauten zu, wie sich die Menschenmenge langsam auflöste, ehe wir selbst hinuntergingen und zurück in unsere jeweiligen Häuser fuhren.

5

Unsere Zeit in Isfahan war von ganz anderer Art gewesen; der Madrasseh, die Nacht in Kum waren so fremdartig, so viel weniger faßbar erschienen als diese grelle Unterhaltungsvorstellung; es war – wenn man eine so abwegige Parallele heranziehen will –, als hätte man erst Donne und dann Flecker gelesen, den pittoresken nach dem metaphysischen Dichter, der eine so seicht und betörend wie der andere tiefgründig und suggestiv. Dennoch, die festliche Woche der Krönungsfeierlichkeiten hatte ihren Sinn; sie war heiter, bunt geschmückt, absurd; die Tage waren voll flatternder Fahnen, die Nächte voll tropfenden Golds; Nationalhymnen erklangen; die schönsten Stücke aus der Schatzkammer funkelten in den Schaukästen des Krönungssaals, wo sich Abend für Abend Würdenträger und Diplomaten in Scharen einfanden, um diese unvorstellbaren Kostbarkeiten mit eigenen Augen zu bewundern; die Gärten des Palasts waren von bunten Lampen erleuchtet, die sich in den Becken spiegelten, lange Reihen von Lichtern zitterten auf der gekräuselten Wasseroberfläche. Der Schah wirkte wahrhaft majestätisch, wie er dastand und dem Feuerwerk zusah, eine einsame Gestalt in einem weiten Militärumhang unter den Platanen; die Raketen schossen zischend hinauf in den Himmel, blieben einen winzigen Moment lang reglos stehen und zerbarsten dann in einen Regen bunter Sterne; goldene Schlangen wanden sich über den Himmel; goldene Fontänen stiegen auf und regneten auf uns hernieder; ein Flugzeug aus Feuer drehte seine Propeller, ein Auto seine Räder; Castor und Pollux rangen miteinander, und Herkules bezwang den Löwen; goldene Buchstaben erstanden einer nach dem anderen, aus der Dunkelheit: V-I-V-E-S-A-M-A-J-E-S-T-É-I-M-P-É-R-I-A-L-E-P-A-H-L-A-V-I. Der Schah, der ein paar Schritte von der Menge entfernt stand, zuckte leicht die Schultern, machte auf dem Absatz kehrt und ging allein zurück in den Palast. Doch abgesehen von dieser einen Geste der Ungeduld stand er die ganze Woche über in der Öffentlichkeit wie ein Denkmal seiner selbst, ungerührt und unergründlich. Zu vielen Veranstaltungen erschien er gar nicht erst persönlich, sondern schickte statt dessen seinen Sohn. Der saß dann in einem riesigen, scharlachroten Zelt, von zwei Soldaten mit aufgepflanzten Bajonetten bewacht, und verbrachte den größten Teil seiner Zeit damit, sich mit feierlicher Miene durch die Berge von Süßigkeiten zu essen, die man auf dem Tisch vor ihm aufgehäuft hatte.

Durch den Palastgarten schlendernd, in dem wir jetzt so viele Stunden verbringen mußten, dachte ich an jenen anderen Schah, Nasreddin, der im letzten Jahrhundert Europa aufschreckte, als er mit seinen orientalischen Gewändern und dem schwarzen Schnurrbart, der wie ein Krummschwert über seinem Gesicht lag, in ihren Hauptstädten erschien. Das waren die Zeiten, in denen Stockschläge auf die Fußsohlen in den Straßen Teherans noch ein öffentliches Spektakel waren, in denen die Anhänger Babylons verfolgt wurden und die endlose Debatte über den Bau einer Eisenbahn gerade begonnen hatte; es waren die Zeiten, in denen ein bemerkenswertes Paar nach Teheran kam und um eine Audienz beim Schah bat, die ihm auch gewährt wurde. Auf den Pfaden des Palastgartens spukten seitdem für mich Nasreddin und die knabenhafte Gestalt der Jane Dieulafoy.* Ihr Ehemann wollte eine Ab-

---

* *Jeanne Dieulafoy* (1851–1916) begleitete ihren Mann, den Archäologen und Ingenieur *Marcel-Auguste Dieulafoy* auf seinen Reisen und Expeditionen. Er leitete die Ausgrabungen der alten Paläste von Dareios I., d. Gr. und Artaxerxes II. in Susa (Iran). Die bedeutende Sammlung der archäologischen Fundstücke ist im Louvre ausgestellt. Jeanne Dieulafoy entdeckte 1912 die Ruinen der berühmten Moschee in Hasan (Marokko) aus dem 12. Jahrhundert. Ihr Buch ›A Suse, journal de fouilles‹ erschien 1888 in Frankreich (Anm. d. Übersetzerin).

handlung über die persischen Altertümer schreiben und sie aus diesem Grund besichtigen, war es nicht so? Nun, dann würde Jane ihn eben begleiten, und nichts, was ihre Freunde dagegen einwendeten, konnte sie von ihrem Vorsatz abbringen. Die Verlockungen, zu denen sie Zuflucht nahmen, um sie in Versuchung zu bringen, zu Hause zu bleiben, waren zahlreich: »Un jour je rangerais dans des armoires des lessives embaumées, j'inventerais des marmelades et des coulis nouveaux; le lendemain je dirigerais en souveraine la bataille contre les mouches, la chasse aux mites, le raccommodage des chausettes...« Doch, so fügte sie hinzu: »Je sus résister à toutes ces tentations.« Jane Dieulafoy war in der Tat aus einem härteren Holz geschnitzt, und zu guter Letzt war nicht sie es, die ihren Ehemann begleitete, sondern er war es, der mit ihr ging. Sie machte sich keine Illusionen über die Gefahren, die ihnen auf dem Weg begegnen könnten. »Le moins qu'il pût nous arriver«, bemerkte sie fröhlich, »est d'être hachés en menus morceaux«, und versehen mit Schulterbinden, an denen heilige Medaillen baumelten, die Gebete ihrer Freunde noch im Ohr, schifften sich die beiden nach Konstantinopel ein.

Ein scharfer Februarwind wehte, als die *Ava* den Hafen von Marseille verließ. Doch trotz der Kälte wurde kein Feuer entfacht, an dem sich die fünf bibbernden Passagiere hätten wärmen können. Als sie sich beim Kapitän darüber beschweren wollten, reagierte dieser mit der Drohung, den Zimmerfächer in Gang zu setzen, woraufhin sie die Kragen ihrer Mäntel hochschlugen und keinen Ton mehr zu sagen wagten. Abends um acht wurden sämtliche Lampen gelöscht und den Passagieren alle Streichhölzer abgenommen. Erst dann erläuterte man ihnen die Gründe für diese Einschränkungen: Das ganze Schiff, selbst die Privatkabinen der Passagiere, waren mit Munition beladen, die Frankreich nach Griechenland sandte, um die Befreiung Mazedoniens von türkischer Herrschaft zu unterstützen.

Unter dem blauen Himmel Griechenlands waren diese Probleme für Jane jedoch ein für allemal vergessen. Allerdings ging es ihr sehr gegen den Strich, »à la remorque d'une locomotive« von Piräus nach Athen zu reisen. Unverbesserliche Romantikerin, die sie nun einmal war, wäre sie viel lieber geritten. Sie konnte die Vorstellung nicht ertragen, daß eine Maschine nahe der Stadt des Perikles die Olivenbäume beschmutzen sollte. Doch als sie erst einmal die Akropolis erklommen hatte, vergaß sie das Sakrileg, das sie wohl oder übel hatte begehen müssen, kletterte zu den Propyläen hinauf, verfluchte Lord Elgin, erweckte Xerxes auf seinem goldenen Thron zu neuem Leben und versetzte sich in die Seelen der Hellenen. Als sie Konstantinopel erreichten, kannte ihre Begeisterung keine Grenzen. Hier gab es keine Eisenbahnen (zumindest waren sie nicht sichtbar), keinen Rauch, keine Kohle, nur schlanke Kajiks, die wie Pfeile über das glitzernde Wasser schossen. Die Dieulafoys blieben zwei Wochen lang in Konstantinopel. Sie sahen den Sultan, heulten mit den singenden und drehten sich mit den tanzenden Derwischen, aßen Kebab und Käsegebäck, erkundeten die Basare und hörten schließlich, die beste Straße nach Persien sei die, die über Tiflis führte.

Nun ist der März nicht gerade der ideale Monat für Reisen auf den Straßen dieses schwierigen Landes. Wie wir, die wir dort lebten, mindestens ein dutzendmal pro Woche zu sagen pflegten: Wenn das Wetter mild ist, schmilzt der Schnee; ist es kalt, schmilzt er nicht, so daß der Reisende die Wahl hat zwischen Überflutungen und Schneeverwehungen. Nach unzähligen Abenteuern erreichten die Dieulafoys schließlich Kasvin; zwischen ihnen und der Hauptstadt lagen nur noch hundert Meilen. Sie waren bereits drei Monate lang unterwegs gewesen, hatten über sechshundert Kilometer auf schlechten Straßen hinter sich gebracht. Ihre Kutsche war mehrmals umgestürzt, sie hatten stürmische Nächte im Freien verbringen müssen, und sie waren den kurdischen Banditen ausgesetzt gewesen. Jane hatte keine Angst vor den Banditen. Eher vermutete sie, daß die Banditen Angst vor ihr hatten. »Je me considère aveç orgueil. Se peut – il qu'un gamin de ma taille épouvante les Kurdes, ces farouches nomades?«

Nachdem sie all diese Abenteuer erfolgreich überstanden hatten, erreichten sie am 9. Mai endlich Kasvin, wo sie dann ein echtes Mißgeschick überfiel: Monsieur Dieulafoy erkrankte schwer. Doch Jane war unerschütterlich. Sie beschaffte einen Wagen und durchforstete ganz Kasvin, bis sie schließlich um drei Uhr morgens die passenden Pferde gefunden hatte. Der kranke Marcel wurde auf einer Matratze in den Wagen gelegt. So rumpelten sie aus der Stadt heraus. Ehe sie noch fünf Meilen hinter sich gebracht hatten, steckten die Räder im Schlamm fest. Jane selbst packte die Zügel und trieb die Pferde an. Bauern kamen ihnen mit Ochsen zu Hilfe. Irgendwie schafften sie es, sich auf dieser scheußlichen Straße vorwärtszukämpfen, und als die Nacht einsetzte, waren sie nicht mehr als zwanzig Meilen von der Hauptstadt entfernt. Nun verweigerte der Mautner ihnen die Weiterreise. Doch Jane hatte bereits den schneebedeckten Kegel des Demawend erspäht und ließ nicht locker, bis sie sich schließlich gegen ihn durchgesetzt hatte. Und so zogen sie um zehn Uhr abends in Teheran ein.

Marcel delirierte, und die nächsten drei Wochen verbrachte Jane an seinem Krankenbett. Nicht ein einziges Mal verließ sie das Hotel und seinen Garten – für ein tatkräftiges, wissensdurstiges Geschöpf wie sie sicherlich ein Beweis hingebungsvoller Liebe. Anfang Juni wurde der schwache, schwankende, doch genesende Marcel zu einer Audienz beim Schah geführt. In Begleitung des französischen Arztes erwarteten die Dieulafoys seine Majestät im Garten des Palastes. Sie hatten sich ihre Hüte besonders fest aufgedrückt, damit sie sie nicht versehentlich in Gegenwart des Herrschers abnehmen würden (ob dies Janes übliche Begrüßungsgeste war?), »ce qui serait des la dernière grossièreté«. Alsbald näherte sich Nasreddin, von seinen Dienern gefolgt, seinen Gästen; ein Dolmetscher ging neben ihm und las ihm laut aus einer französischen Zeitung vor; der Schah trug einen schwarzen Fez, einen Umhang aus Kaschmir, weiße Drillichhosen, Halbschuhe, weiße Socken und weiße Baumwollhandschuhe an den zierlichen Händen. Jane war beeindruckt von seiner edlen Erscheinung, seiner gebogenen Nase, seinen weißen Zähnen, seinem schwarzen Haar und dem riesigen Schnurrbart. Die Gruppe verbeugte sich tief, und der Arzt suchte um die gnädige Erlaubnis nach, Monsieur und Madame Dieulafoy vorstellen zu dürfen.

»Was?« sagte der Schah. »Dieser Knabe soll eine Frau sein?« Nachdem man ihm versichert hatte, daß es sich so verhielt, sprach er Jane auf Französisch an. Warum, so fragte er sie, sei sie nicht in die langen Röcke und Gewänder europäischer Damen gekleidet? Jane antwortete, Männerkleider seien viel bequemer, und eine reisende Europäerin sei in mohammedanischen Ländern einer unangenehmen Neugier ausgesetzt »Zugegeben«, sagte der Schah. »Aber meinen Sie nicht, daß eine persische Frau, die mit ihrem Schleier auf den Pariser Boulevards spazierenginge, ebenfalls für einen Menschenauflauf sorgen würde? – Können Sie malen?« fügte er abrupt hinzu. Jane mußte verneinen. »Das ist schade«, sagte der Schah. »Ich hätte nämlich gern ein Porträt von mir hoch zu Pferde. Kennen Sie Grévy? Kennen Sie Gambetta? Wie ist Grévy?« sagte er zu Marcel. »Wie alt sind Sie?« fragte er dann, ohne die Antworten auf seine vorigen Fragen abzuwarten. Marcel sagte, er sei siebenunddreißig. »Sie sehen sehr viel älter aus«, sagte der Schah. »Vergessen Sie nicht, Monsieur Grévy auszurichten, ich sei ein guter Freund von ihm.« Und damit war die Audienz beendet.

Als Marcel sich ausreichend erholt hatte, machten sich die Dieulafoys wieder auf den Weg. Sie reisten auf der

Straße nach Isfahan und weiter in Gegenden, die ich nicht kenne: nach Schiraz, Persepolis, Fars, Susa. Vor ihnen lagen sowohl angenehme als auch unangenehme Erfahrungen: die Mitsommersonne über den endlosen Weiten schattenloser Ebenen, die fiebrig-schwülen Sümpfe am Ufer des Karoun. Kälte, Überflutung und Schlamm hatten sie zwischen Tabriz und Teheran ertragen müssen, nun ging es darum, die brütende, vom Gelbfieber geschwängerte Hitze des Sommers zu überstehen. »Es würde mir nicht einfallen«, sagte Jane, »meinem ärgsten Feind dieses Vergnügen zu wünschen. Daß er der englischen Telegraphenlinie von Teheran nach Schiraz folgt, könnte ich noch zulassen; doch möge sein böser Stern ihn niemals nach Fars führen, nach Kouistan oder zu den verfluchten Ufern des Karoun.«

Zwischen Teheran und Schiraz ging die Reise tatsächlich recht glatt vonstatten. Jane berichtete von ihrer Reise durch persische Dörfer, wo sie den örtlichen Gouverneuren auf dem Harmonium ›La Fille de Madame Angot‹ vorspielte (allerdings spielte sie es für deren Geschmack viel zu schnell und mußte es in langsamerem Tempo noch einmal vortragen). Sie hatte Mühe, den persischen Damen zu erklären, daß Queen Victoria keinen Bart trage und nur einen Ehemann habe. Abends fiel sie nicht selten vor Erschöpfung noch im Sattel in den Schlaf. Aber als sie, nach einer Exkursion in den Irak, wieder nach Persien zurückkehrten und auf dem Weg nach Susa die wilden Provinzen durchquerten, wurde die Reise ungleich beschwerlicher. Jane bekam so starkes Fieber, daß man ihren zitternden Händen keine zerbrechlichen Gegenstände anvertrauen konnte. Und doch wollte sie nichts von einer Umkehr wissen. Tag für Tag ritt sie weiter, an ihr Pferd gebunden, damit sie nicht herunterfiel. Und obgleich sie manchmal befürchtete, ihre Kräfte würden schwinden, ehe die Karawane ihren Bestimmungsort erreicht hatte, geriet sie immer wieder ins Schwärmen, sobald irgendwelche Grabmäler oder Ruinen in Sicht kamen. Sie war stets bereit, für Marcel einen Grundriß zu zeichnen oder den Liedern des fahrenden Musikers zu lauschen, der sich ihnen angeschlossen hatte. Ihre Gesundheit mochte sich verschlechtern, aber ihr Geist war ungebrochen. Als sie nach einem langen Jahr beschwerlicher Reisen endlich wieder auf dem Schiff nach Frankreich waren und sie, vom Fieber geschüttelt, soweit genesen war, daß sie ohne übermäßige Erschöpfung vom einen Ende des Decks zum anderen gehen konnte, griff sie sogleich zur Feder, um einen Überblick über die gesamte Geschichte Persiens zu verfassen. Jane kehrte als gefeierte Frau nach Frankreich zurück, aber sie hat dafür einen hohen Preis gezahlt. Das Vergnügen, ihre Abenteuer erzählen zu können, kostete sie zweihundert Gran Chinin; und obgleich sie bereit war, die Rechnung des Apothekers zu ignorieren, hegte sie noch lange Zeit einen heftigen Groll wegen ihrer angegriffenen Gesundheit und ihres nachlassenden Augenlichts.

Doch ich dachte nicht so sehr an Jane auf ihren Reisen, als an Jane im Teheran der frühen neunziger Jahre, und wie ich es bedauerte, daß sie Naseddin nicht hoch zu Roß hatte malen können, denn sie hätte sicherlich in ihrem Tagebuch die Gespräche festgehalten, die sich zwischen ihr und dem Schah während ihrer weiteren Bekanntschaft – sie gebieterisch hinter ihrer Staffelei, er in Herrscherpose auf seinem scharf gezügelten Pferd – unter den Platanen des Gartens im Schein der Junisonne entsponnen hätten – Gespräche zwischen zwei Menschen, die daran gewöhnt waren, stets zu sagen, was sie dachten. Die Zeit, so stellte ich fest, verging für mich sehr angenehm, wenn ich mir diese Szenen ausmalte, die niemals stattgefunden hatten. Auf jeden Fall war es angenehmer, als den Platitüden der Menschen zu lauschen, mit denen ich unter dem unsicher schwankenden Licht der bunten Laternen durch den Garten spazierte. Dann plötzlich hörte ich, wie sich die Worte meines augenblicklichen Gesprächspartners in mein geheimes Gedankenspiel mischten: »Ja«, sagte er sinnend, »ich kann mich noch deutlich erinnern, wie ich als Kind in Paris einmal zu einer Abendgesellschaft mitgehen durfte. Mein Vater hielt mich an der Hand und hieß mich die Person, die gerade den Raum betrat, genau zu betrachten. Ich schaute hinüber und sah einen kleinen, graumelierten, alten Gentleman in einer Hausjacke, in deren Knopfloch das Abzeichen der Ehrenlegion steckte. »Das«, sagte mein Vater, »ist Madame Dieulafoy.«

Durch Rußland

1

Auch die Landschaft hatte sich für die Krönung herausgeputzt; an den Straßen, wo die Judasbäume ihr Magentarot abgeworfen und statt dessen grüne Blätter getrieben hatten, standen Jasmin und wilde Rosen in voller Blüte. In den Gärten hatten armselige, verkümmerte Teerosen, die in England längst von einer verächtlichen Hand herausgerissen worden wären, ihre Blüten hervorgebracht; doch erst der Überschwang des einheimischen Wildlings läßt den Ruf der persischen Rosen verstehen. Riesige Büsche, kompakt, nicht hochgeschossen wie die englische Hundsrose, übersät mit feuerfarbenen Blüten; der Boden mit einem Teppich aus heruntergefallenen Blütenblättern bedeckt – das ist der erste Eindruck. Eine genauere Betrachtung offenbart die herrlich reine, ursprüngliche Form jeder einzelnen Blüte, eine urtümliche Schlichtheit, die unsere anspruchsvollen Züchtungen, und mögen sie noch so vollkommen sein, niemals übertreffen können; damit einher geht eine Farbe, die all unsere Kreuzzüchtungen nicht zustande bringen können: das Innere des Blütenblattes ist rot, aber golden umrandet, und beides verschmilzt zu einem leuchtenden Orange, einem brennenden Busch. Seite an Seite mit diesen Wildlingen wuchs die gelbe Rose, die für mich immer »Rose von Kum« heißen würde, wuchsen der niedrige, buschige Jasmin und wahre Federwolken von Akazien, die einen betörenden Duft ausströmten. Der kurze Frühling machte wieder einmal das Beste aus der ihm zugestandenen Zeitspanne. Ich war darauf gefaßt, daß die Erde jeden Augenblick noch ganz andere unvermutete und verborgene Reichtümer offenbaren würde, denn ich hatte inzwischen gelernt, nichts mehr als gegeben hinzunehmen und die verächtlichen Bemerkungen anderer Menschen zu ignorieren. Sehr rasch war mir klargeworden, daß diejenigen, die behaupteten, es gäbe dort draußen »nichts zu sehen«, einfach nicht richtig hinzuschauen wußten. Doch dieser pharisäerhafte Humor sollte mir nicht mehr allzu viel nutzen; für mich war es an der Zeit, nach England zurückzukehren.

Über Persien lag bereits die Verheißung des Sommers. Die Platanen waren grün, und das Rauschen des Wassers wurde beständiger, wenn die Gärtner, das eine Hosenbein bis zum Oberschenkel aufgerollt (eine Mode, deren Sinn ich nie ganz ergründen konnte), die angestauten Ströme befreiten, so daß sie sich über die durstigen Beete ergießen konnten, oder wenn sie frühmorgens barfuß herumtapsten und Wasser verspritzten, um den Staub zu bändigen. Wir buhlten längst nicht mehr um jeden Sonnenstrahl, sondern verdunkelten das Haus tagsüber mit roten Jalousien, die wir erst am Abend, wenn der Schnee auf dem Demawend sich rötete, wieder öffneten. Dann setzte schon sehr rasch die Abenddämmerung ein, die kleinen Eulen begannen zu schreien, die Frösche hüpften über den Gartenpfad, und der Wind erhob sich und säuselte über die Ebenen.

Die bevorstehende Abreise bedrückte mich. Immer öfter sagte ich: »Nächste Woche um diese Zeit...«, und litt, wenn Andere Pläne für ein nicht allzu fernes Datum machten, an dem ich selbst nicht mehr dort sein würde. Herzlos schmiedeten sie ihre Pläne, die Menschen, für die das Leben kontinuierlich weiterfloß, während ich wie eine zum Tode Verurteilte daneben saß. Dann verrann die Zeit immer schneller, und es kam der Tag, der für andere Menschen ein ganz gewöhnlicher, für mich jedoch ein so besonderer Tag war. Der frühe Aufbruch erinnerte mich an den Aufbruch nach Isfahan, der diesem Aufbruch so ähnlich und zugleich ganz anders gewesen war; das Auto stand vor der Tür; Gepäck wurde hinausgetragen; hinter den zugezogenen Fenstern schliefen die Bewohner anderer Häuser, die meisten von ihnen würden auch noch drei Stunden später, wenn ich schon sechzig Meilen zurückgelegt hatte, in tiefem Schlummer liegen; die ersten Lebenszeichen des frühen Morgens regten sich, das weiße Pony drehte seine Runden mit dem Wasserfaß; alles wirkte herrlich frisch; die Hunde wollten mitreisen und wurden zurückgeschickt; die Diener wünschten mir eine gute Reise und brachten mir kleine Geschenke; der dicke Koch kam in seinen weißen Schuhen aus dem Haus gelaufen und drückte mir einen Korb mit kleinen Kuchen in die Hand. Mein Zimmer oben war leer, aber meine Bücher standen noch auf den Regalen; meine Handschrift, spiegelverkehrt, war noch auf dem Löschpapier zu sehen; adieu, adieu; laßt es uns, um Gottes willen, rasch hinter uns bringen. Die Wache am Tor salutierte, dann die Straßen, das Stadttor, die Straße nach Kasvin. Was für ein Unterschied besteht doch zwischen Ankunft und Abreise! *Damals* war für mich alles neu gewesen, ich hatte mich neugierig umgeschaut, selbst den Demawend hatte man mir zeigen müssen, und ich hatte nicht gewußt, was mich um die nächste Straßenecke erwartete; *jetzt* war alles vertraut, Plätze voller Erinnerungen und Assoziationen, die ich zurücklassen mußte; da war der Laden, in dem wir die Töpfe gekauft hatten, da der Treffpunkt für die Schnitzeljagd, da der Weg, der nach Vardar-Var hinaufführte, wo wir zum ersten Mal die wilden Mandelbäumchen blühen sahen und einen unbekannten Busch mit einem Steinkreis umgaben. Esel zockelten die Straße entlang, man sah jedoch nur wenige Kamele; sie waren hinaufgezogen nach Gilan zur Frühlingsweide. Jeden, der in Richtung Teheran unterwegs war, beneidete ich, und für jeden, den ich auf dem Weg nach Kasvin überholte, empfand ich Mitleid, da er mein trauriges Schicksal teilte.

Nach Kasvin war mir die Straße unbekannt, und der Charakter der Landschaft veränderte sich mit überraschender Plötzlichkeit. Wir befanden uns jetzt nicht mehr auf einem Dach; die kargen Hochebenen waren gewichen; die Vegetation wurde üppig und grün, und an die Stelle der klaren Höhenluft trat die dunstige Atmosphäre des subtropischen Flachlands. Wir hatten innerhalb weniger Stunden einen Höhenunterschied von eineinhalbtausend Metern hinter uns gebracht, waren auf einer steilen Straße hinunter ins Tal des Weißen Flusses gefahren. Auch diese Landschaft war auf ihre Weise schön; lichte Haine bedeckten die steilen Berghänge bis zu den Ufern des Flusses, und zwischen den Bäumen waren immer wieder grüne Wiesen zu sehen, so grün wie die Wiesen in Devonshire – und dieser Vergleich macht bereits den Kontrast deutlich, denn wer würde schon auf den Wiesen oberhalb des Dart auf eine Herde grasender Kamele stoßen? Ja, das Tal des Weißen Flusses besaß eine eigenwillige Schönheit, aber es war nicht Persien, so wie ich es verstand, und ich beschloß, niemals jemanden auf dieser Straße ins Land zu bringen, ihn lieber den Unbilden der Ebenen und Pässe von Keramschah und Hamadan auszusetzen, als ihm den ersten Eindruck zu verderben. Der Abend brach herein. Wir schienen endlos lange gereist zu sein; die ständigen Haarnadelkurven machten das Fahren sehr ermüdend. Und immer wieder mußten wir uns an Fuhrwerken vorbeizwängen, die die enorme Steigung nur mit allergrößter Mühe bezwingen konnten; Männer schrien, zerrten am Zaumzeug und schlugen auf ihre stolpernden Pferde ein; irgendwie schafften wir es, an ihnen allen vorbeizukommen und hielten schließlich in einem Dorf am Ufer des Flusses an, wo ein Anschlagbrett das Hotel Fantasia ankündigte.

Es trug seinen Namen zu Recht, denn ein verrückteres Gebäude hatte ich noch nie gesehen. Eine Außentreppe, in der zwei Stufen fehlten, führte zu einem hölzernen Balkon hinauf, dort schlugen wir unsere Feldbetten auf und schliefen so gut es die vielen Flöhe zuließen. In Dilijan

Kum hatte es keine Flöhe gegeben, die Räume dort waren nackt und sauber gewesen, typisch für den Unterschied zwischen jener glücklichen und dieser unglücklichen Reise. Damals waren wir mit dem Bewußtsein eingeschlafen, von freien Weiten umgeben zu sein; jetzt steckten wir in einem engen Tal, keine fünfzig Meter entfernt tosten die braunen Fluten des Flusses. Waren wir überhaupt noch in Asien? Am nächsten Tag führte die Straße ins fruchtbare Gilan. Kastanienwälder, Oliven und Reisfelder kamen in Sicht. Das Land war flach und der junge Reis von einem schillernden Grün, das man denen, die es nicht gesehen haben, nicht beschreiben kann. Selbst die Bauern hatten einen anderen Gang, mußten sie sich doch von Kindesbeinen an, lange Stangen mit Körben auf den Schultern balancierend, vorsichtig einen Weg über die schmalen Dämme zwischen Reisfeld und Reisfeld suchen – eine Eigenheit, die in der einheimischen Dichtkunst sehr gefeiert wird. Zwischen den sumpfigen Feldern standen kleine, chinesisch wirkende Schutzhütten auf Pfählen, in denen die Bauern nachts Wache hielten, um die Wildschweine zu vertreiben. Die Häuser waren hier längst nicht mehr aus Lehm, sondern aus Backsteinen erbaut und mit Stroh gedeckt, wie die Bauernhäuser in Hampshire. Wo war mein Persien geblieben? Ich versuchte mir vorzustellen, wie diese Straße auf den Reisenden wirkte, der aus der anderen Richtung kam, nach Persien hineinfuhr, anstatt es zu verlassen; wie er dem Tal folgte und die Haarnadelkurven hinauf- anstatt hinunterfuhr, bis sich schließlich die Hochebene in ihrer ganzen Großartigkeit vor ihm auftat. Wir aber kamen nach Rescht, einer rotbraunen Stadt, die in nichts an die Dörfer aus sonnengetrocknetem Lehm erinnerte, die ich kennengelernt hatte, so daß ich ohne Reue weiterfuhr, bis ich mich am nächsten Tag auf dem Kaspischen Meer wiederfand und mir klarwurde, daß die verblassenden Berge am Horizont das letzte waren, was ich von Persien sehen sollte.

Nach und nach schwanden alle äußeren Anhaltspunkte,

die mich noch mit Persien verbanden; ich wußte nicht mehr, in welcher Richtung Teheran lag, meine Uhr zeigte nicht mehr die Teheraner Zeit an, meine persischen Zigaretten gingen aus und wurden durch russische ersetzt. Diese kleinen Dinge führten mir die unwiderrufliche Trennung vor Augen. Dann fiel dichter Nebel auf uns herab und verhüllte die Umrisse des Elbursgebirges; das kleine Dampfschiff tuckerte traurig über das Meer, bis der nächste Morgen über Rußlands Küste dämmerte.

2

Ich war darauf gefaßt gewesen, in eine Atmosphäre von Düsternis und Angst hineinzutauchen; all meine Sinne waren hellwach, bereit, entsprechende Eindrücke aufzusaugen. Doch ich kann nicht behaupten, in Baku irgend etwas in dieser Art erfahren zu haben. Vielleicht sind die Russen im Süden von ihrem Temperament her heiterer als die Menschen des Nordens, denn die Bewohner von Baku haben zweifellos ihren Teil an Leid ertragen müssen, sowohl in der Stadt als auch in den angrenzenden kaukasischen Provinzen – fünfundzwanzig Menschen, sagte man mir, seien in Baku am vorigen Tag erschossen worden –, und doch hörte man Gesänge in den Straßen, die Menschen lachten und sahen fröhlich aus, sie trugen bunte Kleider und schäkerten miteinander auf den Bänken des öffentlichen Parks. Da es nicht genug Züge gab, war ich gezwungen, zwei Tage in Baku zu verweilen; das Hotel war gut, das Essen ausgezeichnet, der Kaviar frisch und reichlich, die Hotelangestellten höflich und zuvorkommend. Ich hatte erwartet, von den Menschenmassen vom Gehsteig auf die Straße gedrängt zu werden, doch erwiesen sich solche Befürchtungen als völlig gegenstandslos. Fast war ich enttäuscht. Das sollte das bolschewistische Rußland sein? Nichts wies darauf hin, in welchem Land ich mich befand, abgesehen von den russischen Schildern, den gegürteten Blusen der Männer und den dick eingemummelten Droschkenkutschern hinter ihren ins Joch gespannten Pferden. Nach der Zeit in Persien fiel mir als erstes der allgemeine Wohlstand ins Auge; ich war es nicht mehr gewohnt, Steinhäuser, gepflasterte Straßen, elektrische Straßenbahnen und große, wohlgenährte Pferde zu sehen; einem Reisenden, der aus der anderen Richtung, aus Europa, kommt, wäre dies allerdings kaum aufgefallen. Den ersten Hinweis darauf, daß hier irgend etwas anders war, bekam ich im Bahnhof von Baku. Dort angekommen, mit unseren Fahrscheinen und Papieren in der Hand, wurde uns (mir und einigen persischen Freunden, die ich zum Glück unterwegs kennengelernt hatte) mitgeteilt, man könne keine Sitzplätze im voraus reservieren. Der Zug aus Tiflis sei brechend voll, und wir hätten kaum eine Chance, freie Plätze zu finden. In vier Tagen würde ein anderer Zug kommen... Ich war heilfroh, daß meine Freunde Russisch konnten, vielleicht säße ich sonst heute noch in Baku fest. Sie riefen den persischen Generalkonsul an, irgendein Beamter versprach, das Unmögliche möglich zu machen, und in der Zwischenzeit verfrachtete man uns und unser Gepäck in den früheren kaiserlichen Wartesaal, der jetzt mit überlebensgroßen Bildern von Litvinov und einer in Rot und Schwarz drapierten Lenin-Büste geschmückt war. In diesem Wartesaal (der seiner früheren Pracht zwar so weit wie eben möglich beraubt worden war, seine kaiserliche Herkunft jedoch durch den Luxus eines separaten Eingangs und angrenzender Toiletten verriet) hatte sich bereits ein gemischtes Völkchen zusammengefunden: Einige Bauersfrauen mit dicken Bündeln und ein schäbiger, kleiner Mann, der auf einem Diwan hockte, wo er, wie man uns gewarnt hatte, nur plaziert worden war, um unseren Gesprächen zu lauschen. Zum ersten Mal senkten wir unsere Stimmen und hüteten unsere Zungen – ein unangenehmes Gefühl, das uns jedoch rasch vertraut werden sollte. Alsbald schnaufte der Zug in den Bahnhof; Bewegung kam in unsere kleine Gruppe; ein Bahnbeamter erschien, winkte uns zu sich und sagte, für uns sei ein Waggon »freigeräumt« worden, wahrscheinlich ein beschönigender Ausdruck für die Tatsache, daß man die betreffenden Passagiere unseretwegen vor die Tür gesetzt hatte – ein Vorgang, der gleichfalls nicht so recht zu meinen Vorstellungen vom bolschewistischen Rußland paßte.

Viele Leute meinen, man könne heutzutage gar nicht mehr durch Rußland reisen; sie haben vage gehört, daß es in den Zügen keine »erste« oder »zweite«, sondern nur noch eine »weiche« und eine »harte« Klasse gibt; das macht ihnen angst, und sie nehmen sich nicht die Zeit, sich klarzumachen, daß das im Grunde das gleiche ist. Ich kann allen versichern, daß die russischen Züge den europäischen, was die Bequemlichkeit betrifft, in nichts nachstehen. Ja, eigentlich sind sie noch bequemer, denn sie fahren sehr langsam und haben breitere Gleise. Für ein paar Rubel kann man Kissen, Decken und Laken ausleihen, die frisch gewaschen sind und in einem versiegelten Beutel ausgehändigt werden. Man bekommt auch ein Handtuch, aber kein Wasser, mit dem man sich waschen könnte. Das nicht vorhandene Wasser wird jedoch dadurch wettgemacht, daß die Lokomotiven normalerweise mit Holz befeuert werden, wodurch der übliche Ruß der mit Kohle betriebenen Züge entfällt. Es gibt wirklich nichts, worüber man sich beklagen könnte. Doch aus irgendeinem Grund bekommt man, wenn man in London ein Reisebüro betritt und nach einer Fahrkarte Richtung Teheran über Moskau fragt, nur ein mitleidiges Lächeln und das Wort »unmöglich« zu hören.

Darüber hinaus läßt sich nicht viel zugunsten der Reise von Baku nach Moskau anführen, denn sie ist äußerst monoton; die Namen »Kaukasus«, »Azowsches Meer« und »Rostow am Don« klingen vielversprechend, doch ihr Reiz schwindet rasch dahin: Der Kaukasus präsentierte ein paar Gebirgsausläufer, das Azowsche Meer sah aus wie ein ganz gewöhnlicher See, und von Rostow sahen wir nur den Bahnhof, dessen Trostlosigkeit selbst die Anwesenheit eines Donkosaken nicht mildern konnte. Hinter Rostow beginnt die Steppe, »le long ennui de la plane«. Ganz anders als die persischen Ebenen, erstreckt sie sich in grünen Wellen bis zum Horizont; sie ist nicht karg genug, um eindrucksvoll zu wirken, nicht üppig genug, um schön zu sein. Hier und da sahen wir armselige Kosakendörfer, von tristen Bauern bewohnt. Ein trauriges Land. Dann kamen wir durch die Ukraine, die mich trotz ihrer reichen, schwarzen Erde nur deprimieren konnte, denn ich dachte daran, wie ich dort vor dem Krieg die großzügige Gastfreundschaft polnischer Freunde genossen hatte. Wir waren geritten, hatten getanzt und gelacht; das Leben hatte in dieser Oase der Extravaganz und des Feudalismus ein fantastisches Tempo gehabt; zehntausend Pferde, achtzig englische Jäger und eine Meute englischer Jagdhunde waren versammelt; in einem Park tummelten sich Dromedare, in einem anderen, von Mauern umgebenen Garten wilde Tiere, die man zum Spaß hielt; es gab Tokaier, Jahrgang 1750, von einem Hünen in Strömen ausgeschenkt; die Zigaretten wurden von Zwergen in Livreen aus dem achtzehnten Jahrhundert herumgereicht. Wo war all das geblieben? Fortgefegt, wie es das nicht anders verdient hatte; das Haus dem Erdboden gleichgemacht, damit es niedriger war als die armseligen Hütten der Bauern; der Grundbesitz in der Mitte aufgeteilt durch die neue polnische Grenze, der Rest in kleine Parzellen zerstreut; der Besitzer tot, das Gehirn aus dem Kopf geblasen, der letzte Penny in Paris verspielt. Ich hatte nicht gewußt, daß wir so nah an diesem Ort vorbeikommen würden.

3

Am dritten Tag erreichten wir Moskau. Ich weiß nicht, was ich über Moskau schreiben soll; im Grunde kann ich nur sagen, was andere, die länger dort waren und tiefere Einsichten gewannen als ich und doch zu keiner letztendlich gültigen Bewertung fähig waren, auch schon gesagt haben. Ich war nur kurz in Moskau, habe mit wenigen Russen gesprochen; dennoch hatte ich das Gefühl, wenn ich gezwungen wäre, längere Zeit dort zu leben, würde ich den Verstand verlieren. Woher dieses Gefühl kam, vermag ich nicht zu sagen; ich glaube auch nicht, daß es auf Suggestion beruhte, denn dann hätte ich in Baku das gleiche empfinden müssen. Außerdem war ich, als ich nach Moskau kam, innerlich bereit, die Berichte über die »deprimierende Atmosphäre in Rußland« verächtlich abzutun. Es ist eine fixe Idee, hatte ich mir in Baku gesagt; die Leute verspüren diese deprimierende Atmosphäre nur, weil sie glauben, sie verspüren zu müssen, in Wirklichkeit gibt es nirgendwo einen Beweis. Was das Ganze noch erschreckender machte: Auch in Moskau gab es keine greifbaren Beweise. Doch wenn man einen Raum betritt, in dem sich gerade eine emotionale Szene zwischen zwei Menschen abgespielt hat, spürt man sofort die besondere Atmosphäre, mögen sich die beiden auch noch so gut beherrschen; so war es mit Moskau. Nichts Sichtbares geschah, und doch war die Luft geladen, winzige Hinweise erhärteten sich und gewannen an Bedeutung. Die Menschen schauten beim Essen ängstlich über die Schultern, um nachzusehen, ob die Angestellten lauschten; erst wenn die Angestellten den Raum verlassen hatten, wurden die Gespräche freier; es gab noch Dinnerpartys, doch jeder Gast kam an, als sei er von einem Löwen durch die Straßen gehetzt worden. Was in Privathäusern geschah, was andere Gäste mir, einer völlig Fremden, vertraulich zutuschelten – Geschichten von untergeschobenem Falschgeld und anschließenden Verhaftungen –, überzeugte mich jedoch weniger als die eigene Intuition und der Eindruck, den ich von der Stadt gewann. Ja, die Intuition ist ein schwaches Argument; es ist anmaßend, das russische Problem nur am Rande zu streifen, ohne die ökonomischen, politischen, historischen Hintergründe mit in Betracht zu ziehen. Doch wie war das noch mit Kinglakes Reisendem, der die Dinge nicht so beschreibt, wie sie dem allgemeinen Kenntnisstand nach sein müßten, sondern so, wie er sie selbst wahrnimmt? Nach dem allgemeinen Kenntnisstand müßte das russische Volk von großer Begeisterung durchdrungen sein. Dazu kann ich nur sagen: Wenn das Volk Moskaus begeistert ist, möchte ich lieber anderswo leben. Meinem Eindruck nach drückten sich die Leute verstohlen an den Wänden entlang – ein Volk, das sich duckt und ausweicht, eine Nation, deren Hoffnungen zurückgestutzt wurden wie eine Gartenhecke. Es gab Bettelei, man sah die Tiefen, in die man sinken konnte, aber keine Höhen, zu denen es sich emporsteigen ließ. Und doch vermag ich kein wirkliches Urteil zu treffen. Vielleicht ist unser Eindruck von Grund auf verzerrt, weil wir instinktiv die westeuropäischen Maßstäbe an ein Land anlegen, das die vorherrschende westliche Vorstellung, daß Reichtum das A und O aller Existenz sei, abgelegt hat, ohne bisher den Frieden und die Freiheit erlangt zu haben, zu denen die neuen Ideale führen sollten. Die Wahrnehmung einer augenfälligen Armut in Moskau – die Tatsache, daß sich niemand besser als sein Nachbar kleiden kann – mag stark, allzu stark, mit unseren hastigen Schlußfolgerungen zusammenhängen. Wir sind allzusehr daran gewöhnt, materiellen Wohlstand mit geistigem Glück gleichzusetzen. Daher unsere Ungeduld, obwohl wir in einem Land aufgewachsen sind, in dem der gesellschaftliche Wandel, im Vergleich zu den vulkanischen Erschütterungen, die Rußland erlebte, im Schneckentempo vor sich geht. Wir sind ungeduldig und intolerant gegenüber dem Chaos, auch wenn es nur vorübergehend besteht, sind nicht in der Lage, dem schwierigen und schmerzlichen Prozeß des Übergangs Rechnung zu tragen. Wir mögen geregelte, gesicherte Dinge, und wir erkennen nicht, daß die persönliche Freiheit, die wir als unser Recht einfordern und deren geringste Einschränkung heftigen Protest auslöst, in einem so jungen, unsicheren System, das noch um sein Existenzrecht kämpft, möglicherweise gar nicht existieren kann. Der Kommunismus kämpft um sein Leben, er ist skrupellos, brutal, kriminell; er zwingt uns zu der Aussage, daß die Russen die eine Tyrannei gegen die nächste tauschen. Und doch, so sehr wir den Kommunismus wegen seiner Methoden anklagen, wir können nicht behaupten, daß er *in seinen Zielen* unmoralisch ist. Denn welche andere Erlösung könnte es, mit den Augen Gottes gesehen, für diese Welt geben als die Überwindung des Materialismus? Dieser Forderung hat sich Sowjetrußland verschrieben. Es mag ein unerreichbares Ziel sein. Es zu verfolgen, mag zu Barbarei, Verfolgung, Elend und Heuchelei und zu der fragwürdigen Praxis der unterschwelligen Einmischung in die Angelegenheiten anderer Länder führen; doch all das ändert nichts an der Idee, die dem Ganzen zugrunde liegt. Es kann sein, daß sich die praktischen Schwierigkeiten als unüberwindbar erweisen, daß die Geldgier und die räuberischen Instinkte des Menschen einfach zu stark sind; denn ebenso wie jene andere große Idee, eine Liga aller Nationen, hat der Kommunismus in der menschlichen Natur seinen gefährlichsten Gegner. Um diesen Gegner zu überwinden, sagen die Sowjets, muß die menschliche Natur vernichtet und neu geboren werden. Kein Wunder, daß sich ein Volk, das einer so grundlegenden Umwälzung unterworfen ist, ängstlich an den Wänden seiner Hauptstadt entlangdrückt wie ein Übeltäter, der die übermächtige Hand des Gesetzes fürchtet. Anpassung heißt Leben; Widerspruch bedeutet den sicheren Tod.

4

Eine sonderbare Heimreise war das. Sie begann mit persönlichem Herzeleid, wurde fortgesetzt mit unpersönlichem Interesse und endete schließlich in einer schieren Farce. Denn als der Zug nach einer Nacht in der »harten« Klasse mit drei mir fremden Russen – eine Nacht, in der ich meine Ansichten über das Reisen in Rußland revidierte – in der Morgendämmerung endlich die polnische Grenze erreichte, als alle Reisenden erleichtert aufseufzten und sagten: »Gott sei Dank, wir sind ins zivilisierte Europa zurückgekehrt«, wurden wir mit einer ganz anderen Neuigkeit konfrontiert: Revolution in Polen; Warschau in der Hand der Rebellen; die Telegraphendrähte zerschnitten; die Eisenbahnlinie in die Luft gesprengt; kein Zug konnte mehr nach Warschau gelangen. Die aufgebrachten Passagiere drängten sich um die phlegmatischen Beamten in der Zollhütte. Nein, sie könnten uns auch nicht mehr sagen; der Zug würde so weit fahren wie möglich, vielleicht bis auf zwanzig, fünfzehn Meilen an Warschau heran; dort würden wir ausgesetzt und müßten selbst sehen, wie wir weiterkämen. In Warschau würden Menschen auf offener Straße erschossen. Wie viele? Vielleicht dreihundert, vielleicht dreitausend, wer könnte das sagen? Es kämen keine Nachrichten durch. Ob sie uns raten würden weiterzureisen? Sie zuckten mit den Schultern? Sie könnten uns keinen Ratschlag geben, es sei unser eigenes Risiko.

Ich hatte keine Angst, erschossen zu werden, aber ich hatte Angst, auf unbestimmte Zeit an der russisch-polnischen Grenze festzuhängen. Nach und nach kristallisierte sich aus der erregt murmelnden Menschenmenge eine gemischte Gruppe von Deutschen, Russen und Österreichern heraus, die von der gleichen Angst beseelt war, und sonderte sich von den anderen ab, wie dies selbst in den kleinsten und kurzlebigsten Menschenansammlungen geschieht, wenn ein Teil gleiche Interessen und Ansichten verfolgt. Und so fand ich mich in der Gesellschaft von neun älteren, rundköpfigen Männern wieder, die, grob gesprochen, auf mich wie Geschäftsreisende wirkten, und einer sehr blonden, jungen Österreicherin, die zusammen mit einem der Männer reiste – in welcher Eigenschaft, war schwer zu sagen. Irgend jemand trieb einen Fahrplan auf, und in der Annahme, daß er für große Teile Polens noch immer Gültigkeit besaß, rechneten wir uns eine gewisse Chance aus, noch am Abend die deutsche Grenze erreichen zu können. Die Deutschen hatten nur eine Sache im Kopf: Sie wollten die Nacht in ihrem eigenen Land verbringen. Angesichts der kursierenden Gerüchte – ganz Polen sollte binnen vierundzwanzig Stunden unter Militärherrschaft gestellt, alle Eisenbahnlinien und Brücken zerstört und die Kommunikation mit allen anderen europäischen Ländern unterbrochen werden – konnte ich sie verstehen. Ja, ich teilte ihre Entschlossenheit. Allerdings hatte ich ein Problem: Ich hatte kein Geld dabei. Alles, was ich besaß, war eine Fahrkarte von Moskau nach London und genug Bargeld, um unterwegs meinen Proviant zu bestreiten. Wie sollte ich mir neue Fahrkarten kaufen, selbst wenn ich mich mit der härtesten aller Klassen zufriedengab? Ein Mitreisender kam mir zur Hilfe. Er wirkte schäbig, trug einen Konfektionsanzug, die Haare *en brosse*, aber er zog aus seiner Brieftasche bündelweise amerikanische Banknoten und drückte sie mir in die Hand. Dies eine Mal hatten meine orangefarbenen Gepäckanhänger einen nützlichen Zweck erfüllt. Dort hingen sie, in einem polnischen Bahnhofsrestaurant, zerknittert, verunstaltet, aber noch immer deutlich zu entziffern: PERSIEN. Doch Persien lag jetzt leider weit, weit hinter mir. Seit zwölf Tagen war ich unterwegs, und es erschien mir absurd, daß ich Asien hinter mir gelassen hatte, nur um in Europa auf eine Revolution zu stoßen. Aber es amüsierte mich mehr als daß es mich verärgerte; ich fand es amüsant, mich plötzlich in der Gesellschaft dieser fremden Menschen wiederzufinden, die plötzlich durch eine gemeinsame Zwangslage miteinander verbunden waren und vertraulich miteinander sprachen, auch wenn der gesamte Hintergrund unserer Lebensumstände weiterhin eine unbekannte Größe blieb. Herr Müller, Herr Rosendorf... nach und nach lernte ich sogar ihre Namen.

Der Zug brachte uns bis Bialystok; dort ließ man uns voller Ungewißheit auf dem Bahnsteig zurück. Jemand sprach von einem Auto, ein anderer von einem Flugzeug. Doch unser Problem löste sich durch die Ankunft eines kleinen, örtlichen Zuges, der uns unserem Ziel ein wenig näher brachte. So zockelten wir den ganzen Tag über in geruhsamem Tempo über Land, stahlen uns gewissermaßen hinter dem Rücken Warschaus voran und sahen, von ein paar Soldaten, die vor den Landbahnhöfen herumstanden, und vereinzelten Wachtposten an Brücken und Stellwerken abgesehen, keinerlei Anzeichen einer Revolution. Es war warm, und das Getreide wuchs; die Höfe und Häuser wirkten wohlhabend, den englischen Farmen nicht unähnlich; nach der langen Fahrt durch die Kälte Rußlands genoß ich die Rückkehr in den Frühling, den unerwarteten Ausflug ins ländliche Polen, das Abweichen vom ausgetretenen Pfad. Die Landschaft war hügelig, am Horizont sah man schwarze Tannen, die Straßen waren gepflegt, die Tore weiß gestrichen. Erst jetzt hatte ich das Gefühl, tatsächlich nach Europa zurückgekehrt zu sein.

Um acht Uhr langten wir nach friedlicher, ereignisloser Fahrt in einer kleinen Grenzstadt an – Grajevo. Wieder standen wir auf einem Bahnsteig und drängten uns in eine Zollhütte. Man sagte uns, der Zug würde nicht weiterfahren. Wir fragten nach den Zügen am nächsten Tag. Die Züge am nächsten Tag? Die Polen zuckten mit den Schultern. Höchstwahrscheinlich würde es am nächsten Tag keine Züge geben. Meine deutschen Reisegefährten waren entsetzt. Auf keinen Fall würden sie auf polni-

schem Boden schlafen. Wir fragten nach einem Auto, das
wir leihen könnten. Ja, erwiderten sie, in Grajevo gebe es
ein Auto, aber es sei kaputt. Wir fragten nach der Lokomotive auf dem Abstellgleis. Könnte die uns nicht nach
Deutschland bringen? Na ja, antworteten die Polen zögerlich, vielleicht schon, aber auf gar keinen Fall vor ein
Uhr morgens, ehe nicht alles ruhig war und schlief. Nach
kurzer Beratung gingen wir auf das Angebot ein. Nun
mußten wir nur noch die Wartezeit zwischen acht und
eins hinter uns bringen.

Es gibt nicht viel zu tun in einem polnischen Dorf. Zuerst schlenderten wir die Straßen auf und ab. Die Deutschen waren jetzt, wo sie die Möglichkeit zur Flucht vor
Augen hatten, ausgelassener Stimmung; sie gingen Arm
in Arm und sangen Studentenlieder. Allerdings wurde
bald klar, daß wir nicht die halbe Nacht damit verbringen
konnten, die dunklen Straßen auf- und abzugehen,
mochte es auch noch so mild sein. Ich fragte mich, was
wohl meine Freunde in England sagen würden, wenn sie
wüßten, daß ich in einem polnischen Grenzdorf die Zeit
totschlug, anstatt in einem komfortablen Liegewagen behaglich schlummernd durch Europa zu sausen? Denn polnische Revolutionen bedeuten uns herzlich wenig, wenn
wir in der Morgenzeitung die entsprechenden Schlagzeilen lesen; steckt man mitten drin, bringen sie einen, wie
ich feststellen mußte, in außergewöhnliche Situationen.

> Nach Frankreich zogen zwei Grenadier,
> Die waren in Rußland gefangen...

sang die österreichische Blondine in einem volltönenden
Alt und lehnte den goldgelockten Kopf an die Schulter
ihres Begleiters. Alle waren gutgelaunt und fröhlich. Dann
erspähte jemand ein Café, in dem noch Licht brannte, und
wir strömten lärmend hinein. Man gab uns einen Tisch in
einem kleinen Raum; ein altes Klavier stand in der Ecke,

und an den Wänden hingen farbige Lithographien von Millais' ›Angelus‹ und einem russischen Schlitten, der von Wölfen gezogen wurde. Im angrenzenden Raum saßen einige polnische Offiziere trinkend an kleinen Tischen und beäugten uns neugierig. Herr Rosendorf bestellte Wein und gleich danach Wodka; beides wurde gebracht, dazu Speck und Eier, und im Handumdrehen war der Tisch gedeckt. Die Wodkaflasche leerte sich rasch, und die Party verwandelte sich in einen fröhlichen Tumult. Deutsche, russische und englische Sprachfetzen flogen hin und her und vermischten sich mit ein paar Brocken Japanisch, da jemand gerade aus Japan zurückgekehrt war. Mein Gegenüber lehnte sich weit über den Tisch und rief mir mit schallender Stimme zu: »Ich bin schon einhunderttausend Meilen mit Singer-Nähmaschinen gereist, zuletzt durch die Mandschurei. – Sagen Sie etwas auf Persisch«, verlangte er dann, und ich zitierte einen Vers von Hafis. Diese gesetzten Männer mit ihren kugelrunden Köpfen benahmen sich wie kleine Kinder; nach einer Weile schlugen sie sogar mit ihren Löffeln auf den Tisch. Dann kam einer der polnischen Offiziere, der sich nicht länger zurückhalten konnte, und spielte ›Blue Danube‹ auf dem Klavier. Die österreichische Blondine sprang auf und begann zu tanzen. Die Männer stritten sich lachend darum, wer mit ihr tanzen durfte, schubsten einander zur Seite und versetzten sich heftige Rippenstöße. Mehrere Stühle fielen um, jemand hielt eine Rede, Postkarten wurden gekauft und herumgereicht, damit alle unterschreiben konnten. Inzwischen waren alle betrunken. Die österreichische Blondine schüttelte ihren Partner ab, kehrte zu ihrem Platz zurück, legte den Kopf auf die Arme und begann zu weinen. Ihr Gefährte saß daneben und streichelte ihr übers Haar, ein zufriedenes Lächeln auf dem Gesicht. Sie schmiegte sich kokett in seine Arme und fiel in einen tiefen Schlummer.

Bei den ersten Anzeichen von Aufbruchstimmung

wachte sie wieder auf, zückte einen kleinen Spiegel, richtete ihr Gesicht, kämmte ihr kurzes, goldenes Haar, zog einen Schmollmund und ließ sich auf die Straße geleiten. Am Bahnhof stand unsere Lokomotive mit angehängtem Tender bereit und stieß rote Wolken in den Nachthimmel. Unter zahlreichen Witzen und allgemeiner Heiterkeit kletterten wir an Bord, von den polnischen Bahnbeamten, die sich ängstlich und schuldbewußt umschauten, zur Ruhe ermahnt. Als wir uns endlich in Bewegung setzten und die dunklen Gleise hinunterfuhren, waren meine Reisegefährten durch nichts mehr aufzuhalten. Sie stimmten ›Deutschland über alles‹ an, erinnerten sich plötzlich an meine Anwesenheit, hielten inne und sagten, es mache England doch hoffentlich nichts aus; also war England gezwungen, mit einzustimmen. Und so fuhren wir nach Deutschland hinüber.

5

Ich habe den Namen des Dorfes auf der deutschen Seite vergessen, weiß nur noch, daß ich drei Stunden lang in einem sauberen kleinen Zimmer mit eisernem Bettgestell und blauer Waschschüssel schlief und wir am nächsten Morgen um sechs alle wieder in einem Zug saßen. Der Tag verging wie im Traum: Ein langer Aufenthalt in Königsberg, wo wir Kaffee aus dicken Tassen tranken und uns in den deutschen Zeitungen Bilder aus Warschau anschauten; dann ein weiterer Zug; der polnische Korridor; Ostpreußen; Berlin. Der Abschied von meinen Reisegefährten, die zu ihren jeweiligen Bestimmungsorten weiterfuhren. Das tüchtige Berlin; das schnelle, gute Taxi, schwarz und weiß gestreift wie eine Hutschachtel; die erleuchteten Straßen; der glänzende Asphalt; der Kaiserhof. Ich war von der Reise schmutzig und müde, und die Angestellten im Kaiserhof beäugten mich mit höflichem Mißtrauen. Ich rächte mich an ihnen, indem ich nach dem Oberkellner verlangte, das beste Menü und den teuersten Wein bestellte und aus meinem Bündel amerikanischer Banknoten üppige Trinkgelder verteilte. Da ich seit der Abreise aus Moskau keine richtige Mahlzeit mehr verzehrt hatte, ließ ich mir Zeit, um mein Essen ausgiebig zu genießen. Ich hatte befürchtet, die Nacht in Berlin verbringen zu müssen, fand jedoch gerade rechtzeitig noch einen Zug, der um zehn nach Flushing fuhr. Am nächsten Morgen war ich schon in Holland. Der Zollbeamte an der holländischen Grenze machte mir einen Heiratsantrag. Dann ging alles sehr schnell. War ich schon auf der Nordsee? Es war sehr stürmisch; wunderschöne, grüne Wellen mit leuchtend weißen Kämmen trugen mich. War das schon Folkestone? Hörte ich wirklich englische Stimmen um mich herum? Waren das Yew Tree Cottage und der Pfad über die Felder? Waren das die beiden Kolben in Orpington, die noch immer, im ewig schiefen Takt, unermüdlich auf- und niederstampften? Stand ich tatsächlich auf dem Bahnsteig in Victoria Station, ich, die ich auf so vielen Bahnsteigen gestanden hatte? Die orangefarbenen Anhänger baumelten im Schein der elektrischen Lampen. PERSIEN, stand darauf. PERSIEN.

Nachbemerkung

Reisen ist das persönlichste aller Vergnügen. Es gibt keinen größeren Langweiler als den, der uns endlos von seinen Reiseerlebnissen erzählt. Wir legen nicht den geringsten Wert darauf, in aller Ausführlichkeit zu hören, was er in Hongkong gesehen hat. Ja, wir wollen es nicht nur nicht hören, wir wollen – wenn wir ganz ehrlich sind – auch nicht in einem Brief davon lesen.

Vielleicht liegt es daran, daß Briefe an sich mit vielen Nachteilen verbunden sind. Ihre Momentaufnahmen sind rasch verblichen. Wenn ich heute nach Hause schreibe: »Während ich dies zu Papier bringe, kreuze ich vor der Küste Belutschistans«, ist dies für mich, die ich bloß die Augen erheben muß, um mich am Anblick der Klippen im rosigen Morgenlicht zu freuen, ein lebendiger Eindruck; doch dem Leser, der meinen Brief drei Wochen später in England öffnet, ist klar, daß ich längst nicht mehr vor Belutschistans Küste segle; vielleicht fahre ich gerade mit einem Taxi durch Bagdad, sitze lesend in einem Zug, schlafe oder bin längst tot; der Gebrauch der Gegenwartsform ist bedeutungslos geworden.

Aber das ist nicht das einzige Problem, das wir mit Briefen haben. Ein weiteres ist: Sie kommen nicht häufig genug. Einem leidenschaftlich erwarteten Brief sollte eigentlich immer gleich ein zweiter folgen, um dem schalen Gefühl entgegenzuwirken, das uns überkommt, wenn die süße Qual der Erwartung dem kalten Hauch der Erfüllung gewichen ist. Doch eine solche verfeinerte Abstimmung der Korrespondenz ist nur möglich, wenn schriftliche Mitteilungen in kurzer Folge hin- und hergehen, wie bei Liebenden, die in der gleichen Stadt zu Hause sind. Ist man auf den komplizierten, undurchschaubaren Mechanismus ausländischer Postdienste angewiesen (man denke nur an die Stapel unzähliger Säcke in düsteren Lagerräumen!), gibt es keine Chance. Viele Wochen schon haben wir gewartet; jeder Tag hat mit neuer Hoffnung begonnen (mit Ausnahme des Sonntags, einem Tag, den man aus dem Kalender streichen sollte); und endete er auch in Enttäuschung, der nächste Morgen stand immer bevor, und man weiß ja nie, was die morgige Post alles bringen mag... Dann kommt er endlich, wird aufgerissen, verschlungen – und schon ist alles vorüber. Ein kurzes Aufflammen, das kaum ausreicht, unseren Hunger zu stillen. Denn allein mit seiner Ankunft hat uns der Brief einen geheimen Bereich unserer Existenz geraubt – den einzigen Bereich, in dem wir wahre Lebensfreude auskosten können. Ich spreche von der Phantasie, schöpferisch und wandelbar, deren strahlender Himmel mit den herrlichsten Wolken und Formen vom Wind der Realität so leicht zerstört werden kann. Denn: Auf das Paradies zu hoffen, heißt, im Paradies zu leben, und das ist etwas ganz anderes, als dort tatsächlich anzukommen.

Der arme Brief an sich trägt wenig Schuld – und es liegt, wie ich meine, ein seltsames Pathos in den Gedanken des Briefeschreibers, der sich soviel Mühe gibt und dessen Wunsch, zu gefallen und sich aus dem Exil mitzuteilen, so menschlich ist. Schuld hat weniger die Unzulänglichkeit des Inhalts als die Tatsache, daß der Brief den großen Fehler beging, überhaupt bei uns anzukommen. »Le rôle d'une femme«, sagte einmal ein scharfsinniger Franzose, »est non de se donner, mais de se laisser désirer.«

Außerdem ist die Kunst des Briefelesens mindestens ebenso schwierig wie die Kunst des Briefeschreibens und wird nur von wenigen beherrscht. Die Mitarbeit des Lesers ist aber unerläßlich, kann man aus einem Brief doch stets mehr herausziehen, als es zunächst den Anschein hat – eine Feststellung, die auf jede Art von guter Literatur zutrifft, und Briefe haben es gewiß verdient, mit guter

Literatur in einem Atemzug genannt zu werden, denn sie haben viel mit ihr gemeinsam: Sie wurzeln in den intimsten Erfahrungen ihrer Schreiber, zeugen von persönlich Erlittenem. Doch längst nicht jeder weiß Briefe richtig zu lesen. So manches mühsam der Feder abgerungene Wort, so manche subtile Andeutung wird achtlos übergangen, weil sie allein steht, nicht näher ausgeführt wurde. Nur der ideale Leser weiß den bitteren Beigeschmack dieser edlen Zurückhaltung zu schätzen.

Dem Brief von einer Reise haftet darüber hinaus ein weiterer Makel an: Die Verbindung zwischen zwei Menschen muß schon sehr eng sein, damit der eine wirklich begierig ist, sich den Hintergrund, vor dem der andere sich bewegt, bildlich vorzustellen – mit seinen Augen zu sehen, mit seinen Ohren zu lauschen, sich der Hitze seiner Ebenen und der Rauheit seiner Berge auszusetzen. Besteht diese Verbindung, gut und schön; es gehört sicherlich zu den verfeinerten Formen geistiger Übung, eine fremde Landschaft zu rekonstruieren und etwas so Subtiles wie die atmosphärische Bedeutung eines bestimmten Ortes einzufangen. Doch sind dies eigentlich schon viel zu plumpe Worte für die wunderbare Unwirklichkeit, die auf diese Weise entsteht – ein bloß der Erfindung entsprungenes Land, wie jene rosenfarbenen Landschaften in der Malerei der italienischen Romantik. Es ist eine eigenständige Kunst damit verbunden, ein Luxus der Müßigen und Grüblerischen, der – wenn auch auf seltsam verkehrte Weise – Genugtuung erfährt, wenn wir später tatsächlich einmal jenen Ort betreten sollten, der uns so lange in der Einbildung als Hintergrund unserer Wanderungen diente. (Denn nichts ist schwieriger, als den Anblick eines Ortes heraufzubeschwören, so wie wir ihn kannten, bevor wir selbst dort gewesen sind – so brüchig ist der Stoff, aus dem unsere Vorstellungen gewebt sind, so rasch aufzulösen, trotz der augenscheinlichen Festigkeit und Detailtreue, wie ein Ort, den wir als Kind gesehen und den wir unter dem Eindruck unserer heutigen, nicht notwendigerweise wahrhaftigeren Sichtweise dennoch falsch in Erinnerung haben). Besteht jedoch diese enge Verbindung zum Briefeschreiber nicht, lesen wir – laßt es uns ruhig bekennen – die Beschreibungen unseres nomadisierenden Freundes mit müdem Pflichtbewußtsein. Selbst Briefe, die nicht an uns oder an Zeitgenossen unserer Generation gerichtet sind, die Briefe von Beckford zum Beispiel oder die von Lady Mary Montagu, lesen wir weniger aus Interesse an der Beschreibung ferner Länder als um ihrer historischen Kuriosität willen; oder wegen ihrer Ausdruckskraft, des Humors und des unverwechselbaren Tons, in denen sich unbewußt die Persönlichkeit des Schreibenden offenbart. »Wie ein Tagebuch« – ja, das ist kein schlechter Vergleich, denn was an einem Tagebuch, auch wenn es aus der ungeübtesten Feder stammt, letztendlich überzeugt, ist seine persönliche Unmittelbarkeit, die selbst dem langweiligsten Bericht unbestrittene Authentizität verleiht.

Allen Reisebriefen scheint also ein grundsätzlicher Makel anzuhaften, und das gleiche gilt wohl auch für Reisebücher. Ja, wir können noch einen Schritt weitergehen und das Reisen selbst in Frage stellen. Welchen Nutzen hat es, wenn wir unsere Erfahrungen anderen weder mündlich noch schriftlich wirklich nahebringen können? Dennoch – der Wunsch, unsere Erfahrungen mitzuteilen, gehört zu den verständlichsten, wenn auch nicht zu den vorteilhaftesten menschlichen Schwächen. Zu den vorteilhaftesten deshalb nicht, weil der Wunsch nach Mitteilung im ästhetischen Sinne wenig gewinnbringend erscheint (geteilte Freud' ist schließlich halbe Freud') und weil uns der Versuch im schlimmsten Fall zu schwerwiegenden Trugschlüssen verleitet (wir können anderen unsere Erfahrungen nicht wirklich vermitteln, sie werden immer ein wirrer, trügerischer Abklatsch dessen bleiben, was uns tatsächlich zugestoßen ist). Reisen ist eine traurige Angelegenheit. Es ist unbequem, es ist teuer; für unsere Freunde ist es eine Quelle des Verdrusses, für uns selbst eine Quelle der Einsamkeit. Für den wahren Einzelgänger mag letzteres ein Vorteil sein, doch ist es wichtig, zwischen Einsamkeit und Abgeschiedenheit zu unterscheiden. Was der Einzelgänger genießt, ist die Abgeschiedenheit. Nur wenn er allein ist, hat er das Gefühl, er selbst zu sein; in Gesellschaft meint er, sich selbst verraten zu müssen; die in Gesellschaft verbrachte Zeit ist für ihn verlorene Zeit, und er sehnt sich voller Ungeduld danach, zu seinem wahren Leben zurückkehren zu können. Er trägt Pantoffeln, um die Teppiche zu schonen, und das Inventar seiner Gedanken ist pingelig geordnet bis ins Extrem; er zieht ein Buch aus dem Regal oder kramt aus seinem unerschöpflichen Vorrat an geistigen Bildern ein besonders liebgewonnenes hervor, wendet es in Gedanken hin und her und läßt es – wie ein Gourmet eine köstliche Traube – genußvoll auf der Zunge zergehen.

Vielleicht war die Sprache, jenes verdrehte, labyrinthische Universum, im Grunde nie dazu gedacht, die einfacheren Funktionen des Auges zu ersetzen oder auch nur zu ergänzen. Wir schauen, und schon erschließt sich uns das Bild in seiner ganzen Gesamtheit, dreidimensional, vielschichtig, unmittelbar. Die Sprache ist dazu verdammt, auf ewig hinterherzuschleichen, wie eine Schnecke, die sich mit der Lichtgeschwindigkeit mißt; selbst auf fünf eng bedruckten Seiten gelingt es der Sprache nicht, mehr als nur einen Bruchteil des sinnlich Wahrgenommenen wiederzugeben. Dies erinnert mich an den Orientalen, der mit liebenswerter Naivität fest davon überzeugt war, wenn er den Muezzin fotografiere, könne er auch alle Töne seines Gebetsrufs einfangen. Eine vage Ahnung des ursprünglichen Eindrucks ist das höchste, was die Sprache zustande bringt – und was ist das schon! Die Kunst der Worte ist nun einmal keine exakte Wissenschaft. Ja, im Grunde machen wir uns gar nicht häufig genug klar, was für eine seltsame »Welt in der Welt« wir mit unserer Sprache geschaffen haben; sie ist durch Gewohnheit und Tradition so tief in uns verwurzelt, daß wir sie als selbstverständlich erachten und uns das Leben nicht mehr ohne sie vorstellen können, so wie unser Verstand das Ende der Zeit oder die Unendlichkeit des Raumes nicht zu begreifen vermag. Gedanken sind ohne Worte nicht möglich, und das Denken erscheint uns höchst erstrebenswert; doch woher wollen wir wissen, welche Verbindung zwischen unseren in Worten gefaßten Gedanken und der Welt der Fakten tatsächlich besteht? Gibt es überhaupt eine wirkliche Beziehung? Oder handelt es sich bloß um Konventionen, um ästhetisierte Verbindungen, wie sie der Kunst eigen sind, jenem erhabenen Paradoxon, das die Wahrheit durch die verschiedensten Konventionen der Scheinhaftigkeit zu vermitteln versteht? Es könnte sich mit der vermeintlich sicheren, häufig vermessenen Position der Sprache ähnlich verhalten. Doch da wir uns in einem Teufelskreis bewegen, gegen Worte keine anderen Waffen besitzen als andere Worte, ist es eher unwahrscheinlich, daß wir jemals in der Lage sein werden, in dieser Frage zu einem treffenden Urteil zu kommen.

Gib einem Ding einen Namen, und es gelangt zur Existenz. Existierte es auch schon, ehe es einen Namen hatte? Wir wissen es nicht. Der Hindu kennt nur eine Bezeichnung für »morgen« und »gestern«. Seine Vorstellung von der relativen Zeit muß von der unseren sehr verschieden sein, sonst hätte er doch sicherlich ein Wort geprägt, das seine umfassendere Wahrnehmung wiederzugeben vermag. Was wir nicht in Worte kleiden können, begreifen wir ebenso wenig, wie wir uns ein Leben vorstellen können, in dem keines der uns vertrauten Elemente eine Rolle spielt. Und doch würden wir, wenn wir so täten, als gebe es solche Konventionen nicht, handeln wie ein Kind, das wütend ein Buch über höhere

Mathematik zerreißt. Wir sind die Sklaven der Sprache, durch unseren Tyrannen in enge Grenzen gewiesen.

Mehr noch, die Ausdruckskraft der Sprache ist voller Widersprüche und Überraschungen. In einem Moment scheint es, als gebe es keine Erfahrung, die sich nicht in Worte fassen ließe, und sei es auch nur die allerkleinste Regung, so wie sie Proust oder Henry James beschrieben haben. Doch schon im nächsten Moment müssen wir verzweifelt erkennen, daß unser Medium so armselig ist, daß wir nicht in der Lage sind, einander die einfachsten Erfahrungen aus unserem realen oder emotionalen Leben mitzuteilen. Wer von uns könnte leugnen, daß er sich, in das Hirn eines anderen Menschen versetzt (mag ihm dieser Mensch auch noch so nahestehen), in einem fremden Land befände? Sicherlich, hier und da würde er ein paar bekannte Umrisse erkennen, im großen und ganzen jedoch wäre er durch unerwartete Ordnungen, Formen und Proportionen vor unüberwindliche Rätsel gestellt. Es gibt nur einen Bereich im Leben, dem die Sprache tatsächlich angemessen erscheint, und das ist der Bereich des Intellekts: Er wurde von der Sprache selbst gezeugt und hätte ohne die Sprache niemals existieren können. Was wir fühlen und was wir sehen, existiert jedoch unabhängig von unserer Fähigkeit, uns auszudrücken. Damit haben Worte nichts zu tun.

Wir müssen also, wenn auch nicht ohne Bedauern, eingestehen, daß das Reisen ein höchst persönliches Vergnügen ist, da es vom Fühlen und Sehen bestimmt wird, von sinnlich wahrgenommenen Empfindungen und Eindrücken. Es gibt kein intellektuelles Interesse am Reisen, und so sind die meisten Intellektuellen auch Stubenhocker geblieben. Sie ziehen es – vielleicht klugerweise – vor, gemütlich vor dem Kamin zu sitzen und die Minarette und Kuppeldächer vor ihrem geistigen Auge erstehen zu lassen, ohne sich den Enttäuschungen der Wirklichkeit auszusetzen. Oder, noch wahrscheinlicher, sie denken gar nicht erst an Minarette und Kuppeldächer, sondern überlassen dies den vagabundierenden Seelen ihrer Freunde. Reisen ist reine Geschmackssache. Es ist logisch nicht zu rechtfertigen und braucht auch nicht gerechtfertigt zu werden; es läßt sich nicht zerreden und wegdiskutieren, sondern ragt, wenn die Nebel des Streits sich gelichtet haben, als unumstößliche Tatsache ebenso unerschütterlich auf wie zuvor. Abenteuer entstehen erst dadurch, daß sie im Geiste zu Abenteuern erhoben werden; ist dies geschehen, sollen keine noch so unbedeutenden Umstände dieser edlen Bezeichnung als unwürdig erachtet werden. Wie alle anderen irrationalen Leidenschaften muß das Reisen akzeptiert werden; es mag lästig sein, aber wegzudenken ist es nicht.

Wie alle anderen irrationalen Leidenschaften ist das Reisen außerdem höchst romantisch. Auf den ersten Blick mag dies paradox erscheinen, beruht es doch auf materiellen Gegebenheiten wie der Geographie, die konkret und endlich ist. Täglich brechen Schiffe vom Londoner Hafen zu antipodischen Häfen auf; nichts ist einfacher – vorausgesetzt, man verfügt über die nötigen finanziellen Mittel –, als eine Fahrkarte zu kaufen und eine Droschke zu nehmen, die uns nach Tilbury bringt. Doch das ist eben längst nicht alles. In welchem Geist wir es tun, das ist das Entscheidende. Wir müssen uns auf eine Exkursion ins Unbekannte einlassen, in Regionen vordringen, die nicht unsere eigenen sind. Wir müssen bereit sein, uns ständig überraschen zu lassen. Der Stubenhocker weiß, daß Pfauen in Indien ebenso frei herumfliegen wie Spatzen in England, er sieht keinen Grund, darüber in Begeisterung auszubrechen. In Wahrheit jedoch ist es ein überraschend schöner Anblick, wilde Pfauen im Licht des östlichen Sonnenaufgangs ihre Räder schlagen zu sehen. Mit ihrem feinen Gespür für Vollkommenheit hat die Natur alle Tiere vor dem Hintergrund der ihnen eigentümlichen Landschaften erschaffen; erst der Mensch hat sie herausgenommen und an den falschen Ort gebracht.

Wenn wir uns nicht überraschen lassen, uns über tiefe, spontane Eindrücke nicht freuen und die aufregende, aber essentielle Einsamkeit nicht ertragen können, wären wir tatsächlich besser zu Hause vor unserem Kamin geblieben und hätten uns auf ein gemütliches Abendessen im Kreise unserer Freunde gefreut. Ich für meinen Teil möchte jedoch die Erinnerung an eine ägyptische Morgendämmerung ebenso wenig missen wie die an den Flug der Reiher quer über den Morgenmond.

Vita Sackville-West

Die Erbschaft des Peregrinus Chase
Zwei Erzählungen
Aus dem Englischen von Irmela Erkenbrecht
Band 9562

Eine Frau unterwegs nach Teheran
Reiseerzählungen
Aus dem Englischen von Irmela Erkenbrecht
Band 11295

Die Herausforderung
Roman. Aus dem Englischen von Irmela Erkenbrecht
Mit einem Vorwort von Nigel Nicolson
Band 10655

Schloß Chevron
Roman. Aus dem Englischen von
Käthe Rosenberg und Hans B. Wagenseil
Band 5880

Der Teufel von Westease
Roman. Aus dem Englischen von V. C. Harksen
Band 9142

Weg ohne Weiser
Roman. Aus dem Englischen von Ingeborg Stricker
Band 5048

Zwölf Tage in den Bakhtiari-Bergen
Eine Reiseerzählung
Aus dem Englischen von Irmela Erckenbrecht
Band 9141

Fischer Taschenbuch Verlag

Virginia Woolf

Die Fahrt hinaus
Roman
Hg.v. Klaus Reichert
Band 10694

Orlando
Eine Biographie
Hg.v. Klaus Reichert
Band 11331

Ein verwunschenes Haus. Erzählungen
Hg.v. Klaus Reichert
Band 9464

Phyllis und Rosamond
Frühe Erzählungen und zwei Essays
Hg.v. Klaus Reichert
Band 10170

Blau & Grün
Erzählungen
Hg.v. Klaus Reichert
Band 10553

Lappin und Lapinova
Fünf Erzählungen
Hg.v. Klaus Reichert
Band 11027

Frauen und Literatur
Essays
Hg.v. Klaus Reichert
Band 10920

Die Kunst der Biographie
Essay
Hg.v. Klaus Reichert
Band 11422

Augenblicke
Skizzierte Erinnerungen
Band 5789

Die Dame im Spiegel und andere Erzählungen
Band 1984

Flush
Die Geschichte eines berühmten Hundes. Band 2122

Die Fahrt zum Leuchtturm
Roman. Band 12019

Jacobs Raum
Roman. Band 5870

Die Jahre
Roman. Band 2120

Mrs. Dalloway
Roman. Band 1982

Nacht und Tag
Roman. Band 5869

Die Wellen
Roman. Band 2121

Ein Zimmer für sich allein. Bd. 2116

Zwischen den Akten
Roman. Band 1983

Fischer Taschenbuch Verlag